BASTEI
LÜBBE

Über den Autor:

Michael Mary, 1953 geboren, ist verheiratet und lebt in der Nähe von Hamburg. Seit 1979 führt er Beratungen und Seminare zum Thema Partnerschaft und Persönlichkeitsentwicklung durch. Informationen zur Person und zu seinen Büchern sind auf der Homepage *www.michaelmary.de* zu finden. Das Sachbuch »5 Lügen die Liebe betreffend« (Bastei Lübbe Taschenbuch Bd. 60512) stand 2001 wochenlang auf der Bestsellerliste.

In der Verlagsgruppe Lübbe sind von Michael Mary lieferbar:

60512 5 Lügen, die Liebe betrreffend
60532 5 Wege, die Liebe zu leben
2141 Die Glückslüge (HC)

michael mary
henny nordholt

change

lust auf veränderung

BASTEI
LÜBBE

BASTEI LÜBBE TASCHENBUCH
Band 60539

1. Auflage: Juni 2004

Vollständig überarbeitete Neuausgabe

Bastei Lübbe Taschenbücher
ist ein Imprint der Verlagsgruppe Lübbe

Dieses Werk wurde vermittelt durch
die Literarische Agentur Thomas Schlück GmbH,
30827 Garbsen
Die Erstausgabe erschien
unter dem Titel *Change – Lust auf Veränderung*
erstmals 1993 im Kreuz-Verlag
Umschlaggestaltung: Kurtz & Braun
Titelillustration: Harald Braun
Satz: Textverarbeitung Garbe, Köln
Druck und Verarbeitung: GGP Media, Pößneck
Printed in Germany
ISBN 3-404-60539-X

Sie finden uns im Internet unter
www.luebbe.de

Der Preis dieses Bandes versteht sich einschließlich
der gesetzlichen Mehrwertsteuer.

Inhalt

Vorwort 7

Einleitung 9

Der Mann, der keine Lösungen mehr sucht 11

Zum Sinn von Störungen 15

Die Enge einer Lebenshaltung 18

Die Lust auf Veränderung 32

Mit Problemen zu neuen Lebenshaltungen 43

Wandlungsprozesse 47

Wandlungsprozesse im Alltag 68

Wenn die Vergangenheit im Leben auftaucht 72

Von der Zukunft in Bann genommen sein 89

Die Gegenwart sinnlich/energetischer Phänomene 112

Distanz jenseits von Identifikationen **126**

Überblick **133**

Mit Veränderung umgehen **138**

Professioneller Umgang mit Veränderung **148**

Vorwort

Das vorliegende beruht auf unserem 1993 erschienenen Buch »Change«. Es ist vollständig überarbeitet, ergänzt und der Entwicklung unserer Sichtweise angepasst. Denn natürlich hat sich in den letzten 12 Jahren auch unsere Sicht des Themas Veränderung verändert.

Das betrifft beispielsweise den Gebrauch von Begriffen. Worte wie »Heilung« oder »Erweiterung« benutzen wir heute sehr viel zögerlicher und in teilweise anderer Bedeutung als damals. Aus unserem Wortschatz beinah gestrichen haben wir Begriffe wie »Wachstum«, »Gestaltung« und »Bewusstheit«; und auf den Begriff der »Lösung« verzichten wir inzwischen völlig.

Zwar hat sich unsere Arbeitsweise bei der Begleitung von Menschen nicht grundlegend verändert, wohl aber unsere Haltung in einiger Hinsicht. Unsere Ansicht, dass sich ein Leben nicht planen lässt und dass Menschen, um sich verändern zu können, auf Irritationen, Probleme, ja oft sogar auf krisenhafte Entwicklungen angewiesen sind, hat sich in den zurückliegenden Jahren verfestigt. Die Vorstellung, sich selbst, seine Beziehungen und das Leben in den Griff zu bekommen, haben wir fallen lassen. Mit anderen Worten – wir sind gelassener geworden. Daher suchen wir nicht mehr nach Lösungen, sondern sind neugierig auf die Prozesse, in die wir und in die Klienten geraten, und auf das, was sie Überraschendes mit sich bringen.

Was immer das sein mag, es wird zu persönlicher Veränderung und damit zum Lernen auffordern. Das ist spannend. Da immer wieder Dinge passieren, die den eigenen Absichten und Sehnsüchten widersprechen, werden wir auch in Zukunft herausgefordert sein, zu lernen; und diese Herausforderung wird weiterhin durch rätselhafte und schwierige und mitunter auch leidvolle Prozesse überbracht werden.

So mag dieses Buch als Anregung verstanden werden, nach den Veränderungen zu forschen, zu denen Menschen in schwierigen Lagen und Lebenskrisen aufgefordert werden, und nach überraschenden Möglichkeiten, die in unkontrollierbaren Ereignissen verborgen liegen.

Henny Nordholt und Michael Mary, im Juni 2004

Einleitung

Im Laufe eines Menschenlebens verändert sich vieles. Beispielsweise die Art und Weise zu denken und zu fühlen, ebenso der Zustand des Körpers. Erwartungen an das Leben, Ziele, Vorstellungen, Pläne, Meinungen, Ideen und Ideale ändern sich. Menschliche Beziehungen wechseln, lange bestehende Freundschaften lösen sich auf, Liebesbeziehungen beginnen und enden. Die gesellschaftlichen Bedingungen ändern sich. Unvorhersehbare Schicksalsschläge, Unfälle und Zufälle greifen in das Leben ein.

Da sich all das unabhängig vom Willen abspielt und Menschen massiv davon betroffen sind, lohnt es, sich mit dem Thema Veränderung intensiv zu befassen und der Frage nachzugehen, wie Menschen mit den Ereignissen und Wechselfällen ihres Lebens besser umzugehen in der Lage sind. Wir beantworten diese Frage in den verschiedenen Kapiteln dieses Buches anhand der Begriffe *Störung, Angst, Lust, Grenze* und *Prozess.*

Im ersten Teil erklären wir den Sinn von Störungen und Problemen, der darin besteht, die Enge einer nicht mehr adäquaten Lebenshaltung aufzubrechen. Dann beschreiben wir im zweiten Teil, wie dieser Versuch, die Grenzen einer Identifikation zu überschreiten, Angst auslöst und wie sich diese Angst in dem Bestreben äußert, zu bleiben, wer man war.

Im dritten Teil beantworten wir die Frage, wie Menschen zu neuen Erfahrungen gelangen und wie sie sich dabei an Informationen orientieren können, die aus der eigenen Persönlichkeit stammen. Schließlich beschreiben wir Veränderung als einen Prozess, in dem die Auseinandersetzung zwischen der Angst davor und der Lust darauf zu einer neuen Lebenshaltung führt. Abschließend betrachten wir Veränderungsprozesse unter Aspekten der Selbstregulation und professioneller Begleitung und äußern einige Überlegungen zur Rolle von Therapie in Wandlungsprozessen.

Der Mann, der keine Lösungen mehr sucht

Vor kurzem rief ein Klient an, der eine heftige Lebenskrise durchlaufen hatte. Am Anfang dieser Entwicklung stand seine Ehe vor dem Ende und sein Unternehmen war in Konkurs geraten. Alles in seinem Leben drohte zusammenzubrechen. Der Mann brauchte mehr als zwei Jahre, um aus diesem tiefen Tal herauszukommen und wieder Lust am Leben zu empfinden. Was ihm in dieser Zeit am meisten geholfen habe, so sagt er, waren einige Worte, die wir ihm in einer der ersten Sitzungen nachdrücklich ans Herz legten: *Hören Sie endlich auf, nach Lösungen zu suchen!* An diesen Satz habe er sich in schweren Momenten erinnert, er habe ihm ermöglicht, das anzunehmen, was ihm geschah. Heute könne er sagen, er habe durch diese Lebenskrise viel Neues gelernt und sein Leben habe sich zum Positiven verändert. Er könne seine eigenen Gefühle deutlicher wahrnehmen und sei selbstbewusster geworden, weshalb er sich in seiner Beziehung nun besser behaupte. Dadurch würde er sich tiefer auf die Liebe zu seiner Frau einlassen. Nachdem er den Konkurs durchgestanden habe, sehe er materielle Dinge gelassener und habe viel an Lebensmut und Zuversicht gewonnen. Heute gebe er den menschlichen Aspekten des Lebens mehr Bedeutung als den materiellen, vorher sei das umgekehrt gewesen.

Der Mann, der keine Lösungen mehr sucht, ist im Laufe dieser Entwicklungen »ein anderer« geworden. Seine Geschichte steht am Anfang dieses Buches, weil sie beispielhaft zeigt, wie Menschen spontan den Problemen ihres Lebens begegnen und wie diese tatsächlich aufgehoben werden. Im ersten Impuls sucht jeder nach einer *Lösung* für seine Probleme. Eine Lösung muss her, sie soll das Problem verschwinden lassen und das mit der unerwünschten Entwicklung verbundene Leid auflösen. Das ist mehr als verständlich, aber so funktioniert es nicht. Kein Problem verschwindet einfach so, zumindest keines, das diesen Namen verdient. Vielmehr werden die Menschen durch Störungen und Leid in Prozesse geführt, aus denen sie eines Tages verändert hervorgehen; und durch diese Veränderung geraten sie in die Lage, mit der Entwicklung umzugehen.

Ein Umgang mit den großen Problemen des Lebens ergibt sich, indem ein Mensch seine Lebenshaltung und in der Folge davon sein Verhalten sich selbst, anderen Menschen und der Welt gegenüber verändert, indem er »ein anderer« wird.

Solche Haltungsänderungen stellen schwierige und zeitlich aufwändige Prozesse dar. Leider riefen Wissenschaftler, Psychologen und Therapeuten in den letzten Jahrzehnten den Eindruck hervor, für die Schwierigkeiten des Lebens ließen sich stets schnelle und einfache Lösungen finden. Kern dieser Hoffnung ist die Idee, Menschen könnten sich jederzeit und aus freiem Willen verändern. Mit diesem Machbarkeitsglauben[1] ist die Hoffnung entstanden, man könne sich vorzeitig oder zumindest so rechtzeitig auf die wechselnden Bedingungen des Lebens einstellen, dass Probleme und Leid, Krisen und Schmerzen beinah überflüssig würden. Fast schien es, als wären sämtliche Lebensziele umsetzbar und das Glück wäre mit Therapeutenhilfe und den entsprechenden Methoden schnell und einfach zu »gestalten«.

Diese Hoffnung trügt, und es gilt mittlerweile als wissenschaftlich untermauert, dass Persönlichkeitsveränderungen zu den schwierigsten Aufgaben im Leben eines Menschen gehören. So hat beispielsweise die Hirnforschung nachgewiesen, dass die Persönlichkeitsstruktur des Menschen bereits in den ersten Lebensjahren fast vollständig fertig gestellt wird.[2] Im Erwachsenenalter ist es dann äußerst schwierig und aufwändig, die inneren Strukturen zu verändern. Der Forscher Gerhard Roth bemerkt hierzu »Gezielte Veränderungen der Persönlichkeit sind allerdings in jedem Fall schwer, wie die Psychotherapie zeigt, und können nur ›von außen‹ passieren.«[3]

Der Mann, der keine Lösungen mehr sucht, hat seine Persönlichkeit verändert. Er hat zu einer veränderten Lebenshaltung gefunden und erfährt das Leben nun auf eine veränderte Weise. Das erforderte von ihm, seine Probleme nicht loswerden zu wollen, sondern sich darauf einzulassen und damit umzugehen.

---

1 Sieh hierzu von Michael Mary, *Die Glückslüge*, Bergisch Gladbach 2003

2 Siehe hierzu die Schriften der Neuroforscher Gerhard Roth und Wolfgang Singer

3 Aus einem Interview des Autors mit Gerhard Roth in *Die Glückslüge*, Seite 271

Diese Bereitschaft, sich seinen Problemen zuzuwenden und die darin enthaltenen Aufforderungen zur persönlichen Veränderung zu entdecken, wollen wir mit diesem Buch und der darin beschriebenen Sichtweise auf die Phänomene »Störung« und »Problem« unterstützen.

Zum Sinn von Störungen

Der Mann, der keine Lösungen mehr sucht, hat sich (seine Lebenshaltung) verändert, aber er tat das keineswegs aus freien Stücken. Lassen Sie uns gleich zu Anfang etwas in aller Deutlichkeit sagen: Kein Mensch ändert sich freiwillig. Kein Mensch beabsichtigt, ein anderer zu werden. Wenn ein Mensch sich ändert, dann weil er dazu gezwungen wird!

Dieser Aussage werden viele LeserInnen spontan widersprechen. Schließlich hat schon jeder den Wunsch nach Veränderung verspürt und Schritte in diese Richtung unternommen, vielleicht sogar Erfolg damit gehabt. Manche werden betonen, sich nach Veränderungen regelrecht gesehnt und diese dann bewusst und absichtlich eingeleitet zu haben.

Dem wollen wir nicht widersprechen, denn auf den ersten Blick erscheint eine Veränderung tatsächlich oft freiwillig geschehen zu sein. Doch woher stammt das Motiv für solche Veränderung, woher die Sehnsucht danach? Aus einer langweiligen Gegenwart und aus unerfüllten Wünschen – also aus einem mehr oder weniger unerträglichen Leben. Würden Menschen sich an das Projekt Veränderung wagen, ohne von Langeweile und Sehnsucht dazu getrieben zu sein? Wohl kaum. Und da sie weder Langeweile noch Sehnsucht absichtlich herbeiführten, macht es auch in Fällen ersehnter

Veränderung kaum Sinn, von einer »gewollten« oder »beabsichtigten« Veränderung zu sprechen, man könnte bestenfalls davon sprechen, der Veränderung wäre zugestimmt worden. Halten wir fest, dass auch diejenigen, die Veränderungen begrüßen, schlicht und einfach durch sich selbst (durch Lebendigkeit suchende, unbewusste Anteile ihrer Persönlichkeit) zur Veränderung gezwungen werden.

Die meisten Veränderungen im Leben der Menschen werden indes nicht ersehnt, sondern als aufgezwungen und unausweichlich erlebt und demzufolge erlitten. Beispielsweise wird Veränderungen äußerer Umstände in der Regel nicht zugestimmt, es sein denn, es handelt sich um positiv empfundene Ereignisse, beispielsweise eine Verliebtheit oder einen Lottogewinn. Wem aber ein Unfall geschieht, der wird nicht begeistert sein, sondern leiden. Gleiches gilt für Krankheiten oder Beziehungskrisen, berufliche Rückschläge oder Schicksalswendungen, ja sogar für unabänderliche Vorgänge wie das Altern und für vieles andere mehr, das unabhängig vom Willen geschieht.

Dass Menschen sich nicht freiwillig ändern, sondern aufgrund eines in unabänderlichen Entwicklungen enthaltenen Zwanges, ist weder bedauerlich noch stellt es eine negative Interpretation der Dinge dar. Schließlich bedarf es einer tief liegenden Motivation zur Veränderung, die ja immer einen gehörigen Kraftakt darstellt. Woher, wenn nicht aus reiner Notwendigkeit, sollte diese Motivation stammen? Wenn alles gut zu laufen scheint, gibt es keinen Grund, etwas zu verändern. Erst wenn etwas schlecht läuft, findet Veränderung einen bewussten Ausgangspunkt, erst dann wird sie angestrebt.

Wir können diese Feststellung umdrehen und daraus schließen: Um sich zu verändern, braucht der Mensch Störungen. Um seine Persönlichkeit und in der Folge davon seine Lebenssituation verändern zu können, braucht er Sehnsucht, Leid, Krisen, Krankheiten oder Schicksalsschläge. Unabhängig von solchen Störungen und auch unabhängig davon, ob sie begrüßt oder abgelehnt werden, findet keine Persönlichkeitsveränderung statt.

Um etwas Neues zu lernen, um sich zu verändern, braucht der Mensch das Störende, das Verwirrende, das Unbekannte. Deshalb betrachten wir die Probleme und Irritationen des Lebens, wie etwa Unzufriedenheit, Langeweile, körperliche oder seelische Symptome, Krankheiten, Beziehungskonflikte, Lebenskrisen und anderes als Aufforderungen zur Veränderung.

Man könnte ohne weiteres behaupten, dass Störungen einen Sinn haben. Dieser ergibt sich jedoch nicht aus moralischer, religiöser oder therapeutischer Bewertung der Abläufe. Der Sinn von Störungen besteht so gesehen einzig darin, mit ihnen zurechtzukommen. Veränderung braucht keine weitere Erklärung oder Rechtfertigung als die Tatsache, dass nur ein veränderter Mensch mit einer Störung leben oder umgehen kann.

Die Enge einer Lebenshaltung

Um den Sinn von Störungen zu erläutern, sollten wir beschreiben, wer oder was durch eine bestimmte Entwicklung gestört wird. Im Sprachgebrauch antwortet ein Mensch auf diese Frage mit dem Begriff ICH! *Ich* werde gestört, *meine* Pläne werden durchkreuzt, *meine* Absichten vereitelt. Wer oder was ist dieses »Ich«, und welcher Bereich ist »mein«?

Stellen wir uns vor, jemand bekäme eine starke Grippe, von der er sich selbstverständlich gestört fühlt. Fragt man an dieser Stelle nach, wer derjenige sei, der gestört wird, begegnet man keiner Person, sondern einer Identifikation. Der Mensch fühlt sich gestört, weil er mit »Gesundsein« identifiziert ist. Würde man nun sagen: »Was ist das Problem damit, krank zu sein«, bekäme man die Antwort: »Ich will aber gesund sein.« Das Problem besteht weniger darin, krank zu sein, als vielmehr darin, gesund sein zu wollen. Es ist demnach der »Gesunde«, der sich von der Grippe gestört fühlt. Sie hält ihn von Dingen ab, die er gern tun möchte, und verfrachtet ihn ins Bett. Der »Kranke« hingegen mag durchaus Positives darin finden, im Bett zu liegen, loszulassen und richtig auszuschlafen, und kein Problem mit der Situation haben.

Das gilt bei allen menschlichen Problemen: Es ist immer das Ich, das gestört ist, aber das Ich repräsentiert nie den ganzen Menschen. Es ist Ausdruck einer Identifikation mit bestimmen Bewusstseinszuständen oder Persönlichkeitsanteilen. Wenn jemand beispielsweise sagt: »Ich bin stark«, ist er sich seiner Stärke, aber nicht seiner Schwäche bewusst. Und wenn jemand davon spricht, ein »liebevoller Partner« zu sein, kann man getrost davon ausgehen, dass er zwar über »lieblose« Anteile verfügt, diese sich aber außerhalb seines Bewusstseins befinden.

Womit auch immer ein Mensch identifiziert ist, wozu auch immer er »Ich« sagt, er ist weit mehr als dieses Ich. Das Ich bezeichnet stets nur einen Ausschnitt der Persönlichkeit. Es fungiert als Sprecher des Bewusstseins und drückt das aus, was ein Mensch zu sein glaubt – seine Identifikationen. Korrekterweise sollte man daher nicht sagen, »ich« werde durch eine Entwicklung gestört, sondern »meine Identifikation mit etwas« wird gestört. Da sich die Identifikationen eines Menschen im Begriff der Identität zusammenfassen lassen, kann man ebenso davon sprechen, dass Störungen und Probleme die Identität eines Menschen angreifen.

Solch ein Angriff wird, je nach seiner Intensität, als unangenehm bis lebensbedrohlich empfunden. Denn jeder Mensch braucht ein Ich und die Vorstellung der Identität damit, die Vorstellung, mit sich eins zu sein. Der Irrtum, mit seinem Ich identisch zu sein, stellt keinesfalls eine Fehlentwicklung dar, sondern einen unverzichtbaren Vorgang. Indem er eine Identität aufbaut, gewinnt der Mensch nämlich Sinn und Handlungsfähigkeit. Seine Identität sagt ihm, *wer er ist* und *was er tun* beziehungsweise *lassen* soll. Identität stellt einen Rahmen her, innerhalb dessen ein Mensch wahrnehmen, denken, fühlen und handeln kann, einen Rahmen, in dem Orientierung und Halt zu finden ist und der eine bestimmte Lebenshaltung ermöglicht und andere verunmöglicht.

Identität

Der Begriff der Lebenshaltung ist zentral für das Verständnis von Veränderung. Die Lebenshaltungen eines Menschen entspringen seiner Identität und drücken diese aus. Sie sind von grundlegender Bedeutung, da sie ihn veranlassen, bestimmte Haltungen sich, den Menschen und dem Leben gegenüber einzunehmen, sind also von grundlegender Bedeutung. Solche Lebenshaltungen werden allerdings nicht bewusst gewählt, sondern bilden sich in frühen Lebensjahren aufgrund bestimmter Erfahrungen quasi »von selbst«. Wie entstehen diese für das Leben so richtungsweisenden Haltungen, und warum sind sie individuell so verschieden?

Stellen wir uns ein Kind vor, das mit cholerischen Eltern aufwächst. Dieses Kind macht zu einem frühen Zeitpunkt die Erfahrung, bedroht zu sein, in diesem Fall von den unvorhersehbaren Gefühlsausbrüchen der Eltern. Aus dieser Erfahrung entwickelt es eine Haltung anderen Menschen gegenüber, die man als »Bedrohtheit« bezeichnen kann. Seine Wahrnehmung wird nun von dieser Haltung bestimmt, aus der heraus es Ereignisse auf eine ganz bestimmte Weise deutet, und nach diesen Deutungen richtet es dann sein Verhalten aus. Wenn der Vater beispielsweise sagt: »Komm auf meinen Schoß«, geht es nur zögerlich und verängstigt auf diesen Vorschlag ein, weil es annimmt, im nächsten Augenblick angefahren zu werden. Etwas anderes macht vor dem Hintergrund seiner Erfahrungen kaum Sinn, und deshalb verhält sich das Kind misstrauisch und innerlich distanziert. Und weil es misstrauisch und ängstlich auf dem Schoß des Vaters sitzt, erlebt es sich tatsächlich als bedroht, auch wenn sich der Vater diesmal sanftmütig verhält.

Diese Lebenshaltung, mit der das Kind identifiziert ist, ohne sich dessen bewusst zu sein, wird es mit ins Erwachsenenleben nehmen. Diese innere Haltung kann man körperlich sichtbar machen, indem sich derjenige mit gebeugten Schultern, leicht zusammengekniffenen, misstrauisch blickenden Augen und verschränkten Armen hinstellt. Aus dieser Haltung begegnet der Erwachsene anderen Menschen – und macht deshalb immer wieder die Erfahrung, bedroht und isoliert zu sein.

Damit ist die immense Bedeutung der Haltung für die Erfahrungen des Lebens angedeutet. Jeder Mensch hat, aufgrund seiner ersten Erfahrungen, bestimmte Lebenshaltungen erworben, die sich aus einer Persönlichkeitsstruktur, einer eigenen Identität, zahlreichen Identifikationen und somit einem individuell ausgeprägten Ich zusammensetzen. Solche Lebenshaltungen – man kann auch die Begriffe »Innere Atmosphären« oder »Wahrnehmungskontexte« dafür verwenden – können unterschiedlichster Art sein. Sie tragen beispielsweise die Namen Selbstvertrauen, Minderwertigkeit, Zuversicht, Hoffnungslosigkeit, Entspanntheit, Verspanntheit, Stärke, Schwäche, Klarheit, Verwirrtheit oder andere; und sie wirken sich entsprechend ihrer Beschaffenheit unterschiedlich aus. Es ist leicht nachvollziehbar, dass ein Leben einen anderen Verlauf nimmt, wenn seine Vorfälle aus einer Haltung der Selbstbewusstheit wahrgenommen werden, statt aus einer Haltung der Minderwertigkeit. Der sich für wertvoll erachtende Mensch wird Vorfällen einen anderen Sinn zuordnen, demnach andere Entscheidungen treffen und demzufolge auch andere Erfahrungen machen als der sich wertlos fühlende.

Damit ist angedeutet, dass Lebens*erfahrungen* nicht zufällig entstehen und nicht verallgemeinerbar sind, sondern im Gegenteil etwas sehr Individuelles darstellen, das mit konkreten Haltungen zusammenhängt, die wiederum bestimmte Wahrnehmungen zulassen und andere ausschließen. Dieser Punkt ist so wichtig, dass wir uns den Themen Haltung, Erfahrung und Wahrnehmung etwas ausführlicher zuwenden sollten.

Die Wahrnehmungsforschung der letzten Jahrzehnte hat entschlüsselt, wie menschliche Erfahrung als individuelle Realität entsteht. Die meisten Menschen setzen Erfahrungen mit Ereignissen gleich, doch das stimmt nicht. Eine Erfahrung ist etwas völlig anderes als ein Ereignis, denn erst indem Ereignisse individuelle Verarbeitungsprozesse durchlaufen, werden sie zu Erfahrungen verarbeitet.

Nehmen wir ein Beispiel. Das Ereignis »Mein Partner schweigt mich an« stellt keine Erfahrung dar, sondern lediglich ein Ereignis, das weder gut noch schlecht ist. Um daraus eine Erfahrung zu machen, muss man – diesen Vorfall deuten – dadurch zu einer sinnvollen Annahme gelangen – nach der sich das Verhalten richtet – womit schließlich eine Erfahrung verbunden ist. Diese vier Verarbeitungsschritte zu durchlaufen macht aus dem Vorfall »Angeschwiegen-Werden« eine Erfahrung.

Wird dieser Vorfall von zwei Menschen unterschiedlich gedeutet, stehen am Ende logischerweise zwei unterschiedliche Erfahrungen. Wer »Angeschwiegen-Werden« als Ablehnung deutet, wird annehmen, »der Partner liebt mich nicht«. Als Nächstes wird er sich zurückziehen oder einen Streit provozieren und damit die entsprechende Erfahrung machen, nicht geliebt zu sein. Deutet jemand »Angeschwiegen-Werden« hingegen als Zustandsäußerung des Partners, beispielsweise als »meinem Partner geht es schlecht«, gelangt er zu der Annahme, der Partner brauche Ruhe. Er lässt ihm diesen Abstand und kann sich weiterhin als geliebt erfahren. Derart unterschiedlich können Erfahrungen sein, die aus demselben Ereignis entstehen.

Für viele Menschen scheint es schwer vorstellbar, dass sie die Erfahrungen ihres Lebens auf individuell verschiedene Weise »herstellen«. Aber sie tun es, egal, ob es sich um unbedeutende oder bedeutende Erfahrungen handelt. Man glaubt, Erfahrungen »passieren« oder »stoßen zu«. Aber das ist ein Irrtum. Nur Ereignisse passieren, Erfahrungen aber werden gemacht, allerdings auf zutiefst unbewusste Weise.

Wie das obige Beispiel zeigt, liegt der Dreh- und Angelpunkt der Erfahrungsgestaltung am Anfang des Wahrnehmungsprozesses, bei der Deutung von Ereignissen. Wenn dieser Vorgang so entscheidend ist, muss man fragen, wie Menschen zu ihren Deutungen gelangen. Was ermöglicht es, einen Vorgang zu deuten? Was hat ein Mensch zur Verfügung, das ihm Deutung ermöglicht?

Kontext

Die Aufgabe einer Deutung besteht darin, Sinn in einer Wahrnehmung zu finden. Der Sinn eines Vorfalls ergibt sich aber nicht aus diesem selbst. Er entsteht erst, indem das betreffende Ereignis in einen bestimmten Zusammenhang, einen Kontext, gestellt wird. Welchen Sinn hat ein Blatt Papier mit bunten Strichen und Farbklecksen? Die Frage ist so nicht zu beantworten. Sie müsste lauten: In welchem Kontext gewinnt ein Papier mit bunten Strichen und Farbklecksen einen Sinn? Im Kontext Börse keinen, im Kontext Kunst hingegen schon.

Das zeigt, dass nicht eine Wahrnehmung selbst, sondern der Zusammenhang, in den sie gestellt wird, über ihren Sinn bestimmt. Insofern ist ein gefundener Sinn niemals wahr, sondern stets nur eine mögliche und mehr oder weniger brauchbare Erklärung. In welchem Kontext machen die Worte »Du bist schön« welchen Sinn? Im Zusammenhang »Selbstbewusstheit« einen anderen als im Kontext »Minderwertigkeit«.

Sinn ist nicht in den Dingen und Vorfällen enthalten, es ist vielmehr der Kontext, in den Dinge und Ereignisse gestellt werden, der Zusammenhang, in dem sie wahrgenommen werden, der ihnen Sinn verleiht. Menschen müssen alle Wahrnehmungen in Deutungszusammenhänge einordnen, um Sinn zu finden. Denn Sinn ist unverzichtbar, weil man sonst mit einem Ereignis nichts anzufangen weiß und nicht darauf reagieren kann. Ohne Sinn fehlt jede Verhaltensmöglichkeit. Und in welche Kontexte ordnen die Menschen ihre Wahrnehmungen ein? Natürlich nur in diejenigen, die sie zur Verfügung haben, und die sind ausnahmslos in der Kindheit entstanden.

Um sich in der Welt zurechtzufinden, hat jeder Mensch eine Vielzahl von Deutungszusammenhängen (wir nennen sie in diesem Buch Lebenshaltungen) entwickelt. Er verfügt über bestimmte Haltungen gegenüber Liebesbeziehungen, Arbeit, Freundschaft, Ehe, den Umgang mit Kindern, mit sich selbst und der Welt. Diese Kontexte können sehr verschieden voneinander sein. So ist es durchaus möglich, einem Freund aus der Atmosphäre der Gleichwertigkeit zu begegnen, einem Liebespartner aus der Atmosphäre der Minderwertigkeit und einem Fremden aus der Atmosphäre der Überheblichkeit.

Nachdem er aufgebaut ist, funktioniert Kontext ähnlich einer Maschine, die ständig Deutungen hervorbringt. Geschieht etwas, wird es blitzschnell in den inneren Zusammenhang eingeordnet, erhält einen Sinn, und es entsteht eine diesem Sinn entsprechende Annahme. Nach dieser Annahme richtet sich schließlich das konkrete Verhalten. Glaubt jemand beispielsweise: »Das Leben ist hart«, wird er auf Teufel komm raus kämpfen und sich abmühen, um etwas zu erreichen, selbst wenn das gleiche Ziel auch ohne derartige Anstrengung zu erreichen wäre. Glaubt jemand, »nicht wichtig« zu sein, wird er das Feld anderen überlassen und verzichten.

Dieses Verhalten, das eine Reaktion auf innere Vorgänge darstellt, führt nun zu einem Ergebnis: zu einer Erfahrung, die der Betreffende schon oft gemacht hat. Der Zurückhaltende erfährt: »Siehst du, ich bekomme nicht, was ich brauche, ich bin eben nicht wichtig«, denn er hat verzichtet; der Verbissene findet bestätigt, dass »das Leben hart ist«, denn er müht sich wirklich ab; der Resignierte erfährt, dass tatsächlich »nichts Sinn macht«, denn er hat längst aufgegeben.

Lebenshaltungen drücken demnach nie die Wahrheit über das Leben aus, aber sie sind immer wirksam. *Sie lassen viele Erfahrungen so werden, wie es der Haltung entspricht.* Das geschieht nicht, weil die Realität so ist. Man selbst hat das Kunststück vollbracht, in der Vergangenheit entstandene Erfahrung des Lebens zu wiederholen oder zu kopieren. Auf diese Weise können Menschen ein ganzes Leben verbringen und am Ende davon überzeugt sein, das Leben begriffen zu haben und zu wissen, wie »es wirklich ist«. Doch das Leben ist nicht so, lediglich die individuelle Erfahrung des Lebens ist so.

Damit wird deutlich, dass letztlich die Lebenshaltung über die Art von Lebenserfahrungen bestimmt. Die ungeheure Bedeutung der Lebenshaltungen besteht in der Tatsache, dass der Mensch auf jeden Fall Deutungskontexte braucht, um Vorgänge verstehen und darauf reagieren zu können. Hat er keinen Kontext, keinen Deutungszusammenhang, in den ein Ereignis hineinpasst, kann er damit rein gar nichts anfangen.

Wenn Sie beispielsweise einem Menschen, der im Kontext der Minderwertigkeit lebt, sagen: »Du bist gut, du bist großartig, mach etwas aus deinen Ideen«, wird diese Aussage keinen Sinn für ihn ergeben. Er wird nicht glauben, dass Sie von ihm sprechen, oder er wird sagen: »Sie kennen mich nicht richtig, ich bin nicht so begabt.« Diesen Menschen von seiner Begabung überzeugen zu wollen wäre vergleichbar damit, einem Steinzeitmenschen einen Computerchip zu zeigen. Er könnte damit nichts anfangen.

Wir erinnern uns beispielsweise an einen Klienten, der nach dem zweiten Herzinfarkt durch seinen Arzt in die Beratung geschickt wurde und der kategorisch ausschloss, mit dieser Krankheit irgendetwas zu tun zu haben. Er wollte Pillen und keine Therapie. Es war offensichtlich, dass dieser Mann sein Leben aus einer Haltung der »Angespanntheit« und »Ruhelosigkeit« heraus führte. Er war jedoch überzeugt, dass der Fehler ausschließlich in seinem Körper, nämlich beim Organ Herz zu suchen sei und nicht bei ihm und seiner Lebensweise. Dass er sein Herz überlastet hatte, erschien ihm sinnleer, denn er verfügte über keine Haltung der Verbundenheit mit seinem Herzen und der Selbstliebe, die es ihm ermöglicht hätte, Rücksicht auf seine körperlichen und seelischen Bedürfnisse zu nehmen. So konnte er nicht anders, als weiter mit sich zu kämpfen.

Wie gesagt hat jeder Mensch eine Reihe von Lebenshaltungen erworben und sie aus der Kindheit mit in sein heutiges Leben gebracht. Dort erfüllen sie heute sinnvolle Aufgaben – aber nur, solange sie zu befriedigenden oder lustvollen Erfahrungen führen. Bescheren sie dauerhaft schmerz- oder leidvolle Erfahrungen, gerät der Mensch in Probleme. Dabei scheint es geradezu zwingend, dass etliche der damals erworbenen Haltungen sich im Leben des erwachsenen Menschen als unzureichend erweisen und irgendwann Leid hervorbringen.

Kann man als Kind das Leben überblicken? Kann man in der Kindheit lernen, beruflichen, sozialen, partnerschaftlichen und existenziellen Anforderungen gerecht zu werden?

Gewiss nicht. Man kann lediglich Haltungen erwerben, die mal mehr und mal weniger geeignet sind, mit dem Leben umzugehen. Das Lernen über das Leben aber geht im erwachsenen Leben weiter, indem man durch Entwicklungen, für die man nicht gerüstet ist, zum Lernen aufgefordert und zur Verhaltensänderung gezwungen wird.

Ein Problem, und damit kommen wir zum Ausgangspunkt unserer Betrachtung zurück, besteht nun darin, keine für die gegenwärtigen Entwicklungen passenden Lebenshaltungen zur Verfügung zu haben. Probleme »lösen« sich daher, indem man seine Lebenshaltungen verändert, so wie es anfangs im Beispiel des Mannes, der keine Lösungen mehr sucht, geschildert wurde. Probleme »lösen« sich, indem man seine Identität verändert.

Ein Problem zu haben bedeutet, sich in einer für die gegenwärtige Entwicklung nicht passenden Identität aufzuhalten und eine der gegenwärtigen Entwicklung nicht adäquate Lebenshaltung einzunehmen.

Daraus folgt die scheinbar einfache Konsequenz: Verändere deine Lebenshaltung, dann verschwinden deine Probleme. Doch eine solche Aufforderung wäre mehr als grob verharmlosend. Seine Lebenshaltung zu verändern gehört nämlich zu den schwierigsten Dingen im Leben des Menschen. Sie ist alles, worüber der Mensch verlässlich verfügt. Sie gibt ihm Identität, sie gibt ihm Orientierung, sie gibt ihm Halt. Das Leben in dieser Identität bedeutet Sicherheit und Normalität. Sie hat sich lange Zeit bewährt, bot genügend Bewegungsspielraum und hat für befriedigende Erfahrungen gesorgt. Nun fordert eine bestimmte Entwicklung dazu auf, diesen sicheren Rahmen zu verlassen und die Lebenshaltung zu verändern. Zwar ist die gewohnte Haltung zu eng und sie behindert wie ein Korsett, aber der Mensch fürchtet gleichzeitig, in sich zusammenzufallen, wenn er dieses Korsett ablegt. Deshalb löst jede Aufforderung zur Veränderung unvermeidlich Angst aus!

Enge und Angst

Wer beispielsweise damit identifiziert ist, »jung« zu sein, und aus dieser Identifikation heraus Selbstvertrauen zieht, wird durch die Realisation, »alt« zu werden, Unsicherheit und Angst erleben. Diese Angst kann ihn auf den Operationstisch eines Schönheitschirurgen führen oder verzweifelte Anti-Aging-Anstrengungen unternehmen lassen. Sein Problem besteht aber nicht darin, alt zu werden, sondern jung bleiben zu wollen. Wenn er seine Identifikation mit Jugendlichkeit aufgibt, verschwindet sein Problem mit dem Älterwerden durch die Veränderung seiner Lebenshaltung hin zu mehr Akzeptanz.

Die Lebenshaltung zu verändern, die Normalität zu verlassen, das ist so, als ob man in einen Abgrund springen soll, dessen Boden nicht zu sehen ist, oder als ob man einen Sumpf betreten soll, in dem man durch einen falschen Schritt zu versinken droht. Die Identität zu verändern bedeutet, sich darauf einzulassen, ein anderer zu werden. Ein Schwacher oder ein Mutiger oder ein Unabhängiger oder ein Liebender oder sonst etwas. Da man nicht weiß, wie es sich in dieser

Identität und Haltung lebt, wird durch die Aufforderung, ein anderer zu werden unvermeidlich Angst ausgelöst.

Welche Veränderung mag von jemandem gefordert sein, der sich durch einen Unfall im Rollstuhl befindet oder der von seinem Partner verlassen wurde oder dem ein Kind stirbt oder der Karriere machen will oder der sich unverhofft, obwohl liiert, in jemand anderen verliebt oder der seine geschäftliche Existenz verliert oder der an einer unheilbaren Krankheit leidet oder der von Sehnsüchten und Zukunftsträumen geplagt wird? Derjenige weiß es nicht und klammert sich mit aller Kraft an der gewohnten Haltung fest, auch wenn sie sich unter den veränderten Bedingungen als zu eng erweist und ihm deshalb noch mehr Leid beschert.

Möglicherweise erscheint es ungewöhnlich, die Probleme des Lebens vorwiegend als Verharren in zu engen Identifikationsgrenzen und als Aufforderung zur persönlichen Veränderung zu beschreiben, aber es ist sinnvoll. Wir tendieren heute dazu, Probleme wegmachen zu wollen. Es werden Lösungen gesucht, worunter verstanden wird, ein Problem loszuwerden. Was diese Möglichkeit betrifft, ist die Alltagssprache wesentlich realistischer. Sie spricht in tiefer Weisheit davon, mit seinen Problemen umzugehen.

Man muss *mit Problemen gehen*, nicht *ohne sie*. Man muss mit dem Unerwarteten umhergehen; und dadurch verändern sich die Identität und Lebenshaltung.

Fassen wir die bisherigen Aussagen zum Thema Veränderung zusammen:

- Kein Mensch verändert seine Lebenshaltung ohne zwingenden Anlass. Er wird vielmehr durch Probleme dazu aufgefordert.
- Ein Problem zu haben bedeutet, sich im zu engen Rahmen einer bestimmten Lebenshaltung aufzuhalten.
- Die durch das Problem überbrachte Forderung, seine Lebenshaltung zu verändern, bringt den Menschen an die Grenzen seiner Identität, wo er Angst empfindet.
- Diese Angst vor Veränderung besteht in der Hemmung, einen engen und sicheren Orientierungsrahmen zu verlassen, und in dem Impuls, sich an diesem Rahmen festzuhalten.

Angst und der Impuls, am Gewohnten festzuhalten, sind demnach unvermeidliche Begleiterscheinungen von Veränderungsprozessen. Nun könnte sich niemand verändern, wenn er ausschließlich auf seine Angst hört. Dann würde alles bleiben wie gehabt, und seine Probleme würden wachsen. Zur Veränderung ist man daher auf andere Impulse angewiesen.

Die Lust auf Veränderung

Probleme zu haben ist normal. Jeder befindet sich früher oder später in problematischen Situationen, aus denen er nicht herauskommt, solange er sich im zu engen Rahmen seiner Identifikationen aufhält und den dazugehörenden Impulsen der Enge und der Angst folgt. Er bräuchte eine neue Orientierung, aber woher soll die stammen? Sein Bewusstsein liefert ihm weder Informationen darüber, wie eine veränderte Lebenshaltung beschaffen sein soll, noch darüber, wie sie aufgebaut werden könnte. Aus seinem Wissen und den Inhalten seines Bewusstseins kann er die nötigen Informationen zur Veränderung nicht schöpfen.

Das Spannende ist nun, dass sich außerhalb seines Bewusstseins und jenseits seiner Aufmerksamkeit durchaus Hinweise auf Umgangsmöglichkeiten mit Problemen befinden. Diese zeigen sich in Impulsen, die derjenige zwar produziert, aber selbst nicht bewusst wahrnimmt. Diese Impulse stammen aus Bereichen, die jenseits der Grenze seiner Identifikationen liegen, jenseits seiner Identität. Sie stammen nicht aus dem Ich, nicht aus dem Wissen, sondern aus dem Nichtwissen.

Man könnte sagen, der Mensch weiß ansatzweise, wie er mit der Situation verändert umgehen könnte, aber er weiß es nicht bewusst. Seine jeweilige Identifikation hindert ihn daran, andere, nicht zu ihr passende Impulse wahrzunehmen, und selbst wenn er sie wahrnimmt, sie aufzugreifen.

Solche außerhalb des Bewusstseins liegenden Impulse bezeichnen wir als die LUST eines Menschen. Sie geben Hinweise auf die gesuchte Lebenshaltung; und sie werden vom Problem »automatisch« hervorgebracht. Ein Beispiel mag das erläutern.

Eine junge Frau beklagt sich darüber, keinen Partner zu finden. Sie ist überzeugt davon, kein Mann fände sie attraktiv. Dem zufolge vermeidet sie Kontakt mit Männern, vor allem den in der ersten Begegnung so wichtigen Augenkontakt. Sie sagt, sie möchte Männer eigentlich ansehen, weiche deren Blicken aber aus.

In dieser Beschreibung ihres Problems sind Hinweise auf die Aufgabe enthalten, vor welcher die Frau steht. Diese sind in der Bemerkung »Eigentlich möchte ich Männer ansehen« enthalten und ergeben sich aus der Frage, wie sie weiß, dass sie das tun möchte. Sie weiß es aus Phantasien, in denen sie genau das tut und solche Situationen mühelos meistert. In der Phantasie folgt sie dem Impuls »Schau den Mann an«. Gelingt es ihr, beispielsweise mit therapeutischer Unterstützung oder weil eines Tages ihr Bedürfnis entsprechend angewachsen ist, den Blicken ihr sympathischer Männer standzuhalten, wird sie Männer kennen lernen und in der Folge die Erfahrung machen, für einige durchaus attraktiv zu sein. Mit dieser neuen Erfahrung wäre ihre Lebenshaltung von Minderwertigkeit zu mehr Selbstvertrauen hin verändert, und der LUST dazu war sie in ihren Phantasien begegnet.

Jeder Mensch stellt mehr dar, als der Bereich seiner Identität und sein Ich umfassen. Daher verfügt auch jeder über Reaktionsmöglichkeiten, die bisher ungenutzt waren. Diese äußern sich beispielsweise als Köperempfindung, Gefühl oder als eine Phantasie. Das führt zu der faszinierenden Schlussfolgerung, dass jedes Problem Hinweise auf den möglichen Umgang damit enthält. Diese Hinweise tauchen in Form von Impulsen auf, denen zu folgen neue Erfahrungen zugänglich macht.

Neue Erfahrungen machen

Es scheint recht einfach zu sein: Ein sinnvoller Umgang mit Problemen ergibt sich, indem ein Mensch neue Erfahrungen macht. Aber wie gelangt man zu neuen Erfahrungen, wenn die vorherrschende Lebenshaltung die alten Erfahrungen vorwiegend reproduziert?

Indem man (unbewusst) ansatzweise bereits vorhandene Erfahrung aufgreift, die in den gezeigten Lustimpulsen enthalten ist.

Natürlich ist die im Impuls enthaltene Erfahrung nicht ausgereift, aber sie ist dennoch vorhanden. Die gesuchte neue Erfahrung ist nämlich nur insofern neu, als sie bisher außerhalb des Bewusstseins liegt. Nimmt er sie bewusst wahr, macht der Mensch die Erfahrung, unbewusst bereits teilweise das zu sein, was er bewusst noch werden will. Indem er die unbewusste Reaktion ins Bewusstsein aufnimmt, wird ihm die gesuchte Erfahrung zugänglich und er kann sie in der Folgezeit vertiefen.

Der Umgang mit Problemen ergibt sich, indem etwas außerhalb des Ich Liegendes in die Identität »hereingenommen« wird. Dieses Hereinnehmen unausweichlicher Vorgänge scheint eine dem menschlichen Organismus innewohnende Fähigkeit darzustellen. Man muss ihn dazu nicht anleiten. Wenn er einem Phänomen nicht ausweichen kann, sucht er ganz von selbst Wege, damit umzugehen. Diese ergeben sich aus der LUST, die engen Grenzen des Ich zu verlassen und auf außerhalb der Identifikation liegende Möglichkeiten zuzugreifen.

Erinnern wir uns an dieser Stelle an das zu Anfang gebrachte Zitat des Hirnforschers Gerhard Roth: »Gezielte Veränderungen der Persönlichkeit sind allerdings in jedem Fall schwer ... und können nur ›von außen‹ passieren.«

Von außen meint aus psychologischer Sicht allerdings nicht nur aus der Umwelt. Von außen meint in jedem Fall »von außerhalb der Identität« oder »von außerhalb des Bewusstseins«. Was befindet sich außerhalb des Bewusstseins? Zweierlei. Zum einen der ganze Rest der Persönlichkeit und zum anderen die Umwelt. Daher kann man zwei Arten von Problemen bekommen, nämlich Probleme mit sich selbst und Probleme mit der Umwelt. In beiden Arten treten die geschilderten Lustimpulse auf.

Probleme mit sich selbst

Die Probleme, die Menschen mit sich selbst bekommen, ergeben sich unmittelbar aus der Einseitigkeit ihrer Lebenshaltung, denn Lebenshaltungen bescheren Vor – und Nachteile.

Sie bieten Zugang zu bestimmten Gefühlen, Anschauungen und Verhaltensweisen und schließen andere aus dem bewussten Erleben aus. Lebenshaltungen machen gewissermaßen einseitig. Jeder hat die Erfahrung gemacht, dass bestimmte seiner Eigenarten von den Menschen, die er liebte und brauchte, nicht erwünscht wurden. Um deren Liebe trotzdem zu erhalten oder um körperlicher oder psychischer Bestrafung zu entgehen, hat sich jeder von bestimmten Seiten seiner Persönlichkeit getrennt, die eigentlich zu ihm gehören: seien dies Sexualität, Wut, Lebendigkeit, Offenheit, Ehrlichkeit, Verletzlichkeit, Kraft oder etwas anderes.

Wer mit Ehrlichkeit nichts erreichen konnte, hat einen Kontext von Verlogenheit entwickelt und sich von Ehrlichkeit getrennt. Wer mit Offenheit nicht weiterkam, hat Verschlossenheit erworben und behält seine Wahrheit für sich. Wer durch Selbstbewusstheit nur Schwierigkeiten erntete, hat einen Kontext der Nachgiebigkeit erlernt und sich von der Fähigkeit der Selbstbehauptung entfernt. Man hat als Kind diejenigen Verhaltensweisen kultiviert, mit denen man unter den damaligen Bedingungen die besten körperlichen und emotionalen (Überlebens-)Chancen hatte, und die übrigen Fähigkeiten vor anderen und schließlich vor sich selbst verborgen. Die damit erworbenen Identifikationen markieren die Grenze zwischen den akzeptierten und den abgelehnten Anteilen der Persönlichkeit. Sie bestimmen, wozu jemand ICH sagt und wozu nicht. Ich bin … dies, ich bin nicht … das.

Als Kind konnte man solche Identifikationen nicht vermeiden. Bestenfalls konnte man sich gegen seine unmittelbare Umwelt identifizieren, was kein Vorteil ist. Wer beispielsweise gewalttätige Eltern hatte, mochte Aggression ablehnen und sich mit Freundlichkeit identifizieren. Auch das beinhaltet eine innere Trennung, in diesem Fall von der Fähigkeit, aggressiv sein zu können. Auch eine Gegenidentifikation ist eine Identifikation und damit eine Festlegung, die eine Verdrängung erfordert.

Jeder Mensch hat im Laufe seiner Entwicklung bestimmte Anteile seines Selbst verdrängt. Mit der Verdrängung ist er sie aber nicht losgeworden. Die Physik weiß, dass Energie nicht verschwindet, sondern lediglich ihre Erscheinungsform verändert. Aus Licht wird Wärme, aus festen Stoffen werden gasförmige, aus Bewegung wird Strom. So verhält es sich auch mit den verdrängten Teilen des Selbst. Man kann sie nicht loswerden. Sie lassen sich lediglich aus dem Bewussten drängen und ordnen sich jenseits bewusster Wahrnehmung dem Unbewussten zu. Von dort aus nehmen sie Einfluss auf das Leben und verursachen darin die Probleme, die man mit sich selbst bekommt.

Welche Probleme mag jemand bekommen, der ständig zu viel Leistung von sich fordert und insofern seine Schwäche verdrängt? Möglicherweise wird er körperlich erkranken. Sein Körper wird ihn früher oder später darauf hinweisen, dass er auch schwach ist. In der Krankheit zeigt sich dann die LUST, schwach zu sein. Oder er mag antriebslos werden, und darin zeigt sich dann die LUST, sich hängen zu lassen. Welche Probleme wird jemand bekommen, der sich stets nett und freundlich zu anderen Menschen verhält? Möglicherweise bekommt er juckenden Hautausschlag oder er träumt nachts wüste und aggressive Träume oder er macht, ohne es zu bemerken, Menschen aggressiv auf sich oder etwas anderes.

Darin ist die verdrängte LUST zur Aggression enthalten. Auf solche Weise tauchen aus dem Bewusstsein verdrängte Teile des Selbst auf und bereiten Probleme mit dem Ziel, in das Leben desjenigen integriert zu werden.

Probleme mit der Umwelt

Die Probleme, die ein Mensch nicht mit sich selbst, sondern mit seiner Umgebung erlebt, ergeben sich nicht unbedingt aus seiner Lebenshaltung, sondern sind oft auf unerwartete Geschehnisse zurückzuführen. Das ändert aber nichts an der Aufgabe, damit umzugehen. Denn sobald Ereignisse problematisch werden, sind sie aufgrund der vorherrschenden Lebenshaltung nicht zu bewältigen und erfordern einen integrativen Umgang damit.

Beispielsweise könnte jemand, der bisher ein körperlich aktives Leben führte, durch eine chronische Krankheit, eine Infektion, einen Unfall oder etwas anderes, das von außen auf ihn zukommt und an dem er nicht direkt beteiligt ist, zukünftig an körperlicher Betätigung gehindert werden. Natürlich wird derjenige leiden und ein großes Problem haben, das er nicht einmal selbst verursachte. Unabhängig davon lässt sich dieser Vorfall nur durch die Entwicklung einer veränderten Lebenshaltung derart bewältigen, dass das Leiden aufgelöst wird. Auch das Unabänderliche will angenommen werden, sonst bleiben die Probleme damit erhalten; und auch bei unabänderlichen Vorfällen weist der Organismus durch bestimmte Lustimpulse den Weg zum Umgang damit, wie das folgende Beispiel zeigt.

Eine Klientin hatte im Alter von vier Jahren ein Bein verloren, wozu sie nichts konnte. Von ihrer Mutter ermutigt, wurde sie ein tapferes Kind, das an allen Aktivitäten ihrer Umgebung teilnahm und dabei keine Schwäche aufkommen ließ. Aus dem Kind wurde eine Frau, die hart mit sich selbst umging. Da war es kein Zufall, dass sie im dritten Stock wohnte, eine Kohlenheizung betrieb, Kohlen und Einkäufe selbst hochschleppte, Schmerzen mit ihrer Prothese überging und angebotene Hilfe ablehnte. Diese harte Haltung konnte sie 35 Jahre lang durchhalten. In der Beratung sprach sie schließlich davon, »nicht mehr kämpfen zu können«. Mit diesen Worten brach sie in einen Weinkrampf aus und erzählte anschließend davon, am liebsten aufgeben zu wollen. In diesen Impulsen lag ihre LUST. Aufgeben musste die Frau tatsächlich, aber nicht das Leben, sondern ihre kämpferische Haltung, und diese durch einen verständnis- und liebevollen Umgang mit sich ersetzen.

Zu den Problemen mit der Umwelt gehören auch Beziehungsprobleme. Auch dabei liefern die von außerhalb der Identifikation stammenden Lustimpulse Hinweise auf den richtigen Umgang damit, wie das nächste Beispiel zeigt. Eine Frau wurde von ihrem Mann verlassen, der jetzt mit einer anderen zusammenlebt. Sie kommt in die Beratung, weil seit Wochen eine Phantasie auftaucht, die sie sehr traurig macht: »Ich sehe mich vor dem Haus stehen und beobachte die beiden, wie sie innig umschlungen auf dem Sofa sitzen. Die Haustür ist für mich verschlossen, mir ist kalt, und ich fühle mich einsam wie ein Kind.« Ihre Schilderung klingt eher ärgerlich als traurig, und ärgerlich fügte sie hinzu: »Ich möchte diese Bilder loswerden, schaffe es aber nicht.«

Diese Frau erlebt den Vorgang »Mein Mann lebt mit einer anderen Frau zusammen« aus einer Haltung der Abhängigkeit. Darin ergibt dieser Vorfall nur einen Sinn: »Ich werde nicht geliebt, ich bin wertlos.« Dementsprechend wertlos fühlt sie sich. Um ihr Erleben zu verändern, fordern wir sie mit den Worten: »Das ist aber auch eine schmerzhafte Phantasie, an der Sie da hängen« zu einer Traumreise mit einem Hubschrauber auf. Sie steigt senkrecht in die Höhe, und langsam verändert sich ihre Perspektive, als der Hubschrauber über den Dächern schwebt. Von dort oben kann die Frau Häuser von Freunden sehen, die im gleichen Stadtteil wohnen. Wir steigen höher, und es tauchen andere Städte auf, in denen weitere Freunde leben. Schließlich reisen wir um die Welt und entdecken sogar in anderen Ländern Menschen, die sie kennt und von denen sie gemocht wird. Allmählich verändert sich die Haltung der Frau von Abhängigkeit hin zur Wahrnehmung von mehr Unabhängigkeit. Sie sagt schließlich entschlossen: »Wahrscheinlich ist es besser so. Wir hatten in den letzten Jahren hauptsächlich Streit und Ärger. Ich werde nicht länger auf ihn warten und mich nach ihm verzehren. Ich werde mein Glück woanders suchen.«

Das Erleben des Vorgangs Trennung hat sich verändert, er bedeutet nicht mehr »Ich werde nicht geliebt, ich bin wertlos«, sondern einfach »Es ist vorbei«. Die Frau erscheint getröstet und zuversichtlicher. Wie kam es dazu? Die Welt ist die gleiche geblieben, der Mann lebt immer noch mit einer anderen Frau, aber der Vorfall ist jetzt in den Deutungszusammenhang »Unabhängigkeit« gestellt worden. Die Annahme »Ich werde nicht geliebt« ergibt darin keinen Sinn.

Dazu war eine Erfahrung nötig, die sie in der Hubschrauberreise machte. Diese Reise ließ sie ein Stück ihrer verlorenen Unabhängigkeit wieder erleben. Damit ist das Thema Trennung für die Frau sicherlich nicht erledigt, aber es geht wieder aufwärts.

Die Frau hatte ein Problem mit etwas, das ihr plötzlich zustieß, der Trennung. Trotzdem sie sehr darunter litt, lieferte sie Hinweise auf den Umgang mit dem Problem. Ihre LUST auf Unabhängigkeit war im ärgerlichen Ton ihrer Stimme und den Worten »Ich möchte diese Bilder loswerden« enthalten. Sie sprach nicht davon, zu ihrem Mann zurückzuwollen, sondern all das loszuwerden. Was sie dazu brauchte, war eine gewisse Aggressivität und die Entschlossenheit, ihr Glück woanders zu suchen. Wir brauchten ihr dafür keinen Rat zu erteilen, denn sie hatte auf den nötigen Umgang selbst, wenn auch ihr unbewusst, hingewiesen.

Wie man sieht, ist die Lust auf Veränderung in Problemen stets enthalten. Sie zeigt sich als Impuls, die Enge einer Identifikation zu verlassen und etwas zu tun oder zu sein, was man bisher nicht wagt, unbewusst aber schon tut oder ist. Die Impulse der LUST mögen darin bestehen, zu weinen, zu schreien, traurig zu sein, zu lachen, aggressiv zu sein, sich zu behaupten, nachzugeben, durchzuhalten, aufzugeben, sich durchzusetzen oder in etwas ganz anderem. Aber worin auch immer sie bestehen, es ist nicht unbedingt leicht, ihnen zu folgen und die von ihnen vorgeschlagene Lebenshaltung im Bewusstsein zu etablieren.

Ergänzen wir die bisherigen Aussagen zum Thema Veränderung:

- Neben dem Impuls, sich am Rahmen einer gewohnten Identität festzuhalten, zeigen Menschen in schwierigen Situationen Impulse, in denen sie die Grenze ihrer Identifikation überschreiten.
- Diese Impulse, die wir als die Lust zur Veränderung bezeichnen, weisen den Weg zu neuen Erfahrungen.

Neben der Angst ist auch die Lust unvermeidliche Begleiterscheinung von Veränderungsprozessen. Deshalb kann man davon sprechen, dass Probleme stets Hinweise zu ihrer Lösung enthalten.

Mit Problemen zu neuen Lebenshaltungen

Wie vorn geschildert, steht hinter jedem menschlichen Verhalten eine konkrete Annahme – die sich aus einer Sinndeutung ergibt –, welche im Zusammenhang einer bestimmten Lebenshaltung entsteht. Praktiziert jemand ein Verhalten, das ihm keine zufrieden stellenden Lebenserfahrungen ermöglicht, ist er darauf angewiesen, seine Lebenshaltung zu verändern. Gelingt ihm das, wird er zu anderen Annahmen gelangen, sein Verhalten wird sich ändern und damit seine Erfahrungen.

Weil diese Aussage im Prinzip richtig ist, wird den Leuten angeraten, sobald sie Probleme haben, bräuchten sie bloß ihre Lebenshaltung zu reflektieren und anschließend eine andere einzunehmen. Das klingt logisch und einfach, ist es aber nicht. Der Haken solcher Tipps liegt darin, dass sich Lebenshaltungen nicht willkürlich verändern lassen.

Der Mensch kann sich weder einen neuen Kontext ausdenken, noch kann er ihn von anderen Menschen übernehmen. Deshalb nutzen Ratschläge und gut gemeinte Empfehlungen bekanntlich so wenig. Da jeder Deutungszusammenhang in der Gehirnstruktur in Millionen Synapsen abgebildet ist, kann man ihn nicht einfach austauschen oder übernehmen. Vielmehr muss jeder Kontext dort neu aufgebaut werden. Und wenn man bedenkt, dass der Aufbau von Lebenshaltungen in der Kindheit etliche Jahre in Anspruch nahm und mühsames Lernen erforderte, kann man sich vorstellen, dass neue Kontexte ebenfalls nur mit Aufwand und Anstrengung aufzubauen sind.

In einem Deutungszusammenhang verarbeitet das Gehirn Erinnerungen, Gedanken, Gefühle, visuelle, auditive, olfaktorische, körperliche, kinetische, zwischenmenschliche und zahlreiche weitere Informationen. All diese Informationen, von denen die meisten unbewusst sind, sinnvoll neu zu ordnen und optimale Verhaltensanweisungen daraus zu gewinnen bedeutet psychische Schwerarbeit. Zu einer veränderten Lebenshaltung zu finden stellt für den Organismus deshalb eine Höchstleistung dar, die er möglichst vermeidet.

Deshalb halten Menschen so lange als möglich an ihren Deutungs- und Verhaltensmustern fest. So lange, wie sie einigermaßen damit klarkommen. Erst wenn etwas passiert, mit dem jemand in vorhandenen Kontexten und aus vorhandenen Haltungen nicht umgehen kann, auf was er nicht adäquat zu reagieren vermag, was aber dennoch da ist und ihm zusetzt, entsteht die Notwendigkeit, neue, sinnvollere Deutungen zu entwickeln.

Die Motivation, einen neuen Kontext, eine neue Lebenshaltung aufzubauen, entsteht, wenn ein Mensch Erfahrungen macht, die er weder sinnvoll deuten noch ignorieren kann.

Das ist eine sehr brauchbare Definition von Problemen: Ein Problem zu haben bedeutet, etwas weder sinnvoll deuten noch es ignorieren zu können.

Im Problem begegnet man Nichtdeutbarem. Das könnte unter Umständen etwas Positives sein. Beispielsweise müsste jemand, der sich für minderwertig hält, Menschen begegnen, die ihm Sympathie zeigen. Mit solchen Sympathiebekundungen könnte er nichts Rechtes anfangen, weil sie im Kontext der Minderwertigkeit keinen Sinn ergeben. Er würde annehmen: »Die behaupten, mich zu mögen, aber das kann gar nicht sein. Was soll man an mir mögen? Bestimmt wollen die mich bloß ausnutzen!« Wenn sich solche für ihn sinnlosen Sympathiebekundungen jedoch wiederholen, ohne dass er ausgenutzt wird, entsteht Verwirrung. Derjenige beginnt schließlich, einen anderen Sinn zu suchen. Der ergibt sich beispielsweise aus einer Haltung von Selbstbewusstsein. Diese Haltung wird es ermöglichen, auf die Worte und Taten der ihm zugewandten Menschen adäquat zu reagieren und daraus befriedigende Erfahrungen zu gewinnen. (Solche Erfahrung mit positiv Nichtdeutbarem wird beispielsweise in Therapie oder in Selbsterfahrungsgruppen hergestellt.)

Das wäre ein Beispiel für etwas Nichtdeutbares, das als positiv empfunden wird. Nichtdeutbares kann auch als negativ empfunden werden und wird dies wohl meist. Beispielsweise könnte ein Leistungssportler, der gerade auf der so genannten Überholspur durchs Leben braust, mit einer chronischen Muskelentzündung nichts anfangen. Trotzdem wäre er dadurch gezwungen, eine schonendere Haltung einzunehmen und seinem Glück einen anderen Sinn zu geben. Vielleicht würde er in der Folge menschlichen Kontakten den Vorrang vor Leistung und Anerkennung geben, und damit wäre er mit seinem Problem umgegangen.

Fassen wir auch diese Aussagen kurz zusammen:

- Die Motivation zur Haltungsänderung ergibt sich, wenn jemand Erfahrungen macht, die er weder deuten noch ignorieren kann.
- Erst die scheinbar sinnlose Erfahrung »Problem« stellt den Menschen vor die Aufgabe, eine veränderte Lebenshaltung einzunehmen.

Damit offenbart der Begriff des Problems seine eigentliche Bedeutung. Wer im etymologischen Wörterbuch nachschaut, findet folgende Begriffserläuterung: *Problem = zu lösende Aufgabe, Fragestellung, das Vorgelegte.* Wenn ein Problem auftaucht, will eine Aufgabe gelöst werden, die häufig darin besteht, eine veränderte Lebenshaltung zu entwickeln.

Wandlungsprozesse

Bisher stehen uns drei Begriffe zur Verfügung, um Veränderungsvorgänge zu beschreiben. Zuerst haben wir die *Störung* der Identität erläutert, dann die *Angst* beschrieben, die engen Grenzen dieser Identität zu verlassen, und schließlich die *Lust*, genau das zu tun. Was zum Verständnis von Veränderungsprozessen noch fehlt, sind die Begriffe *Grenze* und *Prozess*. Dazu kommen wir nun.

An der Grenze

Wenn sich Angst und Lust auf Veränderung gegenüberstehen, hängt der Mensch in einem Problem fest. Er nimmt bewusst oder unbewusst wahr, was er tun könnte, aber er traut sich nicht. Angst und Lust wiegen sich auf. Er befindet sich in einer schwelenden Auseinandersetzung zwischen *der Lust auf* und *der Angst vor* Veränderung an einer Grenze.

Dies ist die Grenze seiner Identität. Jenseits davon liegt das neue Verhalten, die neue Möglichkeit. Er zögert, er geht vor und zurück und hängt eine ganze Weile fest. Das kann kaum anders sein, weil an der Grenze ein Lernprozess in Gang gesetzt wird. Eine nötige Veränderung – da sie die Lebenshaltung betrifft – wird nämlich nicht plötzlich eintreten, sondern nur allmählich. Zum einen müssen neue Fähigkeiten entwickelt werden, zum anderen braucht die Veränderung von Deutungsvorgängen, von Sichtweisen und Haltungen Zeit. Niemand schüttelt neue Verhaltensweisen aus dem Ärmel. Das ist immer ein schwieriger Vorgang, der einige oder sogar etliche Jahre in Anspruch nehmen kann und der es erfordert, sich oftmals über die Grenze und zurück zu bewegen und zwischen sicherem und unsicherem Terrain hin- und herzuwechseln.

Grenzüberschreitungen

Die Grenze ist ein Ort der Entscheidung. Folgt der Mensch seiner Angst, muss er zwar keine Angst erleiden, aber er muss seine Lust verdrängen und seine Probleme bleiben. Folgt er hingegen seiner Lust, ruft er automatisch die Angst vor dem Unbekannten hervor. Es gibt also letztlich keinen Weg um die Grenze herum und keine Möglichkeit, der inneren Auseinandersetzung folgenlos auszuweichen. Trotzdem halten Menschen so lang als möglich am Gewohnten fest und weigern sich, freiwillig über die Grenze zu gehen. Deshalb werden sie früher oder später von Kräften aus dem Bereich des Nichtwissens über die Grenze geschoben. Dann bleibt ihnen nichts anderes übrig, als sich den Vorgängen zuzuwenden. Eine andere Beschreibung dieser Vorgänge lautet, dass sich unbewusste Entwicklungen und Kräfte nicht dauerhaft ignorieren und aus dem Bewusstsein fern halten lassen. Das Nichtwissen setzt sich gegen die Identifikation durch.

Der Begriff des Nichtwissens bedarf der Erläuterung. Weiter vorn haben wir das Unbewusste als Reservoir verdrängter persönlicher Eigenschaften beschrieben, in dem sich beispielsweise aggressive, egoistische, liebevolle oder sonst wie geartete Persönlichkeitsanteile verbergen. Und wir haben von Ereignissen gesprochen, die von der Umgebung des Menschen auf ihn zukommen. Diese unbewussten inneren und nichtgewussten äußeren Informationen kann man im Begriff des Nichtwissens zusammenfassen.

Das Nichtwissen repräsentiert somit all die eigenen und fremden Einflüsse, Vorgänge, Kräfte und Motive, von denen man nicht weiß. Es beinhaltet Verdrängtes, Übersehenes, Vergangenes, Zukünftiges und alles andere, das außerhalb der bewussten Wahrnehmung liegt und daher scheinbar nicht existiert. Dieses Nichtwissen ist dazu in der Lage, den Menschen über die Grenze seiner Identität zu schieben oder zu werfen, indem es sein Bewusstsein »besetzt«. Wie so etwas vor sich gehen kann, möchten wir anhand eines – etwas extremen – Beispiels erläutern.

Eine Frau ist von ihrem Mann verlassen worden, der sich dazu noch weigert, Unterhalt zu zahlen. Nun sitzt sie mit zwei Kindern alleine da und fühlt sich vollständig überfordert. Ihre Nachbarin versucht, ihr unterstützend zur Seite zu stehen, aber sie kann nicht verhindern, dass die Frau mehr und mehr abgleitet. Sie beginnt zu trinken und geht eines Abends mit dem Messer auf die freundliche Nachbarin los. Glücklicherweise passiert dieser nichts.

Was ist geschehen? Die bisher friedliche und duldsame Frau wurde von aggressiven Impulsen überwältigt. Diese Emotionen übernahmen für einen Moment die Kontrolle über ihre Handlungen und sie geriet »außer sich«. Sie geriet außerhalb jener Identität, in der sie sich für eine friedliche und verständige Frau hielt, und wurde wahrhaftig böse. Diese Frau hat unfreiwillig eine Grenze überschritten, wobei ihr der Alkohol geholfen hat. Statt Opfer zu sein, ist sie Täterin geworden. Statt verletzt zu werden, wollte sie nun verletzen. Wie kann man das erklären? Warum hat sie ihrer Aggression keinen anderen Ausdruck gegeben, warum ist der Durchbruch auf emotionaler Ebene geschehen?

Die Frau hat sich in der Beziehung zu ihrem Mann stets »vernünftig« verhalten, was bedeutet, dass sie von so genannten vernünftigen Gedanken abweichende Gedanken verdrängte. Solche hätten es ihr ermöglicht, sich schon früh in der Beziehung gegen ihren Mann abzugrenzen, und dann wären, wie sich im Gespräch herausstellt, die Kinder wohl nicht geboren worden. Sie hat sie »ihm zuliebe« bekommen, und nun steht sie alleine mit ihnen da. Nach der Trennung versuchte sie weiterhin, vernünftig mit der Situation umzugehen und ihre Aggressionen und ihren Hass zu verleugnen. Ihre Aggressionen waren jedoch nicht verschwunden. Sie haben im Unbewussten auf eine Gelegenheit gewartet und einen Weg gesucht, sich bemerkbar zu machen. Dieser Weg stand auf dem Weg über Gedanken nicht offen, dort war er durch die Identifikation und Vorstellung, friedlich zu sein, versperrt. Die Energie hat dennoch einen Weg gefunden, der nicht vom Bewussten kontrolliert wurde: den Weg über Gefühle.

Aus der friedlichen wird die rasende Frau. In ihrer Raserei hat sie ihre Identität verändert und ist jemand anderes geworden. Sie ist sozusagen ihrer LUST gefolgt, allerdings auf eine völlig unkontrollierte und damit gefährliche Weise. Vor ihrem Verhalten ist sie selbst erschrocken, kann dem in der Beratung aber durchaus Sinn verleihen. Sie gibt zu, aggressiv und hasserfüllt zu sein, und nimmt sich vor, für sich und ihre Kinder offen zu kämpfen und gegen ihren Mann gerichtlich vorzugehen.

Das Beispiel zeigt, wie Menschen innere Grenzen überschreiten, auch unabhängig von ihrem Willen. Meist läuft das zwar weniger spektakulär ab, aber im Grunde passiert jedem Menschen, der ein schwieriges Problem erlebt, etwas Vergleichbares. Wichtiges und Nützliches aus dem Bereich des Nichtwissens finden einen Weg an der bewussten Kontrolle vorbei und verändern den Zustand des Bewusstseins. Um zu beschreiben, welche Wege an der Bewusstseinskontrolle vorbei genutzt werden und wie die Vorgänge an der Grenze zu begreifen sind, wollen wir uns kurz den Wahrnehmungsmöglichkeiten des Menschen zuwenden.

Wahrnehmungsebenen oder -kanäle

Informationen aus dem Nichtwissen, das haben wir schon erwähnt, sind stets vorhanden, lediglich dem Bewusstsein des Menschen erscheinen sie nicht existent. Diese Vorgänge gelangen durch innere oder äußere Umstände an die Grenze des Bewusstseins, wo sie erkannt und immer dann zurückgewiesen werden, wenn sie nicht zur Identität passen. Es entsteht Angst als Abwehrreaktion, welche die Verdrängung unterstützt und die Grenze vorerst dicht macht.

Um nun trotzdem durchzukommen, überlisten verdrängte Teile das Bewusstsein, indem sie ihre Form verändern oder andere Orte ihres Erscheinens suchen. Man könnte sagen, die abgewiesenen Informationen verhalten sich ähnlich wie Schmuggler, die eine Landesgrenze nicht offiziell übertreten dürfen: Sie verkleiden sich und schlüpfen unbemerkt von den Grenzwächtern (dem Bewusstsein) durch, sie suchen einen unbewachten Weg über die Grenze, oder sie brechen mit Gewalt durch die Schranken.

Bezogen auf die Wahrnehmung bedeutet dies, wenn jemand beispielsweise ein Gefühl verdrängt, kann sich diese Kraft auf andere Weise bemerkbar machen, in Körperempfindungen oder Traumbildern, Gedanken oder inneren Stimmen, oder sie kann projiziert auf andere Menschen oder auf die Welt auftauchen. Hierzu einige kleine Beispiele:

Ein junger Klient fängt beispielsweise an, Gegenstände als »Geister« zu sehen, die ihn verfolgen. Diese Bilder erweisen sich als Erscheinungsformen der Wut auf seinen Vater, die er sich nicht eingestehen will, die ihm aber keine Ruhe lässt. Hier hat sich ein Gefühl in Bilder verwandelt. Eine Frau hört innerlich über mehrere Tage hinweg ein revolutionäres Lied. Als wir der Melodie und dem Text nachgehen, entdeckt sie ihre Lust, sich gegen ihren Chef aufzulehnen. Hier hat sich ein Gefühl in eine Melodie gekleidet.

Außerhalb des Bewussten liegende Eigenschaften können sich auf den verschiedenen Ebenen menschlicher Wahrnehmung bemerkbar machen. Welche wären das? In unserer methodenvielfältigen Arbeitsweise unterscheiden wir grundsätzlich sechs verschiedene Wahrnehmungsebenen. Das sind *Körperwahrnehmung, Gefühlswahrnehmung, Verstandeswahrnehmung, Beziehungswahrnehmung* sowie die *Wahrnehmung der Welt.* Hinzu kommt die *bewusste Wahrneh-*

mung, von dem aus sich Körper, Gefühl, Verstand, Beziehungen und die Welt beobachten lassen. Auf diesen Wahrnehmungsebenen finden bestimmte Informationen statt. Wer mit dem Begriff der Wahrnehmungsebene nichts anfangen kann, kann sie sich ebenso als Kanäle vorstellen, durch die Informationen fließen.

Je nach seiner individuellen Entwicklung, ist die Wahrnehmung eines Menschen auf bestimmten Ebenen mehr oder weniger ausgeprägt, mit mehr oder weniger Bewusstsein und Aufmerksamkeit behaftet. Diese Wahrnehmungsebenen, die besonders mit der Identität des Menschen verbunden sind, bezeichnen wir als »besetzte Ebenen«. Hier herrscht sozusagen mehr Kontrolle, hier findet das Nichtwissen weniger Zugang, weshalb es auf »unbewachte« Wahrnehmungsebenen ausweicht. Wenn Vorgänge aus dem Nichtwissen auf einer solchen »unbewachten« Wahrnehmungsebene auftauchen (oder einen ungenutzten Wahrnehmungskanal benutzen), machen sie sich zunächst als Störungen des Bewusstseins bemerkbar. Sie verändern das Bewusstsein, indem sie seine Inhalte verändern. Beispielsweise könnte die Nachricht vom Tode eines Freundes fröhliche Empfindungen aus dem Bewusstsein verdrängen und traurige Empfindungen ins Bewusstsein bringen, und damit wäre sein Zustand verändert.

Körperwahrnehmung

In den Bereich der Körperwahrnehmung gehören Erscheinungen wie Schmerzen, Verspannungen, körperliches Wohlgefühl, Kälte-/Hitzeempfindungen, Gesten, Bewegungen usw. Typische Störungen des Körperbewusstseins geschehen beispielsweise durch Krankheiten, Verletzungen, Schwindel, Übelkeit und anderes.

X Durch die Identifikation mit Vernunft und Verstand, die unser Kulturkreis jedem mitgibt, und durch die allgemein schwach entwickelte körperliche Wahrnehmung eignet sich der Körper hervorragend als Auftauchebene lange und intensiv verdrängter Kräfte.

Ein typisches Beispiel hierzu liefert ein Mann, der sich mit Stärke identifiziert und so tut, als habe er keine Bedürfnisse. Er arbeitet und schuftet ohne Rücksicht auf sich selbst. Spätestens im Alter von 40 Jahren trägt er die Zeichen seiner verdrängten Schwäche körperlich sichtbar vor sich her, etwa in Form eines dicken Bauches. In dessen Entstehung haben sich seine Bedürfnisse durchgesetzt, er kommt gegen seine Bedürfnisse nicht an. Er ist stark im Kopf und schwach im Fleisch; und sein Bauch ist ein unfreiwilliger und sichtbarer Grenzübertritt.

Der Körper kann unterschiedlich gestört werden. Versucht jemand beispielsweise, massiven Erwartungen anderer Menschen gerecht zu werden, muss er sich anpassen. Der verdrängte geistige und emotionale Druck, mit dem er sich unbewusst gegen diese Ansprüche wehrt, mag sich in starken Kopfschmerzen bemerkbar machen. Betroffene können diese störenden Schmerzen zwar nicht direkt als Ausdruck ihres Widerstandes erkennen, aber sie helfen ihnen trotzdem gegen die unerwünschte Anforderung. Sie werfen denjenigen nieder und zwingen ihn so, die Aufmerksamkeit von außen wegzunehmen und sich den eigenen Bedürfnissen zuzuwenden, beispielsweise dem Fühlen. In diesem unfreiwilligen Grenzübertritt liegt dann der Sinn dieser Störung.

Gerade psychosomatische Erkrankungen sind klassische Beispiele für die Fähigkeit eigener Anteile, auf Ebenen der Wahrnehmung auszuweichen, die der Kontrolle entzogen sind. Menschen stellen eine Vielzahl psychosomatischer Krankheiten unbewusst her, indem sie persönliche Anteile ignorieren, die sich dann körperlich durchsetzen. Das wird deutlich, wenn man sich vornehmen würde, beispielsweise ein Magengeschwür bewusst hervorzurufen.

Derjenige müsste sich in eine Lebens- oder Arbeitssituation begeben, durch die er über Jahre hinweg enttäuscht und verärgert wird, diesen Ärger ignorieren und sich zwingen, trotz seines Widerwillens durchzuhalten. Er müsste die Zähne zusammenbeißen. Nach einigen Jahren würden er innerlich so »sauer« sein, dass der unterdrückte Ärger in Form aggressiver Magensäure an den Magenwänden nagt, bis dort eine bleibende Verletzung entsteht – das Magengeschwür. Damit würde er seine harte Haltung gegenüber den eigenen Bedürfnissen nicht länger durchhalten können. Er würde Haferflocken und Milchbrei essen, jammern und im Bett bleiben. Damit hätte er, wenn auch unfreiwillig, auf körperlicher Ebene die Grenze seiner Identität überschritten.

Nicht nur an psychosomatischen Erkrankungen, auch an Verletzungen oder Unfällen sind oftmals verdrängte Kräfte beteiligt. Einer unserer Bekannten verhielt sich meist hektisch und unruhig. Er stand unter starker innerer Anspannung und konnte nur schwer loslassen. Sein Bedürfnis nach Entspannung wuchs, und er ließ unbewusst los, als er unachtsam mit einem Werkzeug umging, was einen kleinen, aber komplizierten Knochenbruch zur Folge hatte. Die Schmerzen der Verletzung und die Bewegungseinschränkung durch den Gipsverband empfand er natürlich als störend, und doch verhalfen ihm gerade Schmerzen und Gips zu der so nötig gebrauchten Ruhe. In diesem Grenzübertritt lag der Sinn der Störung.

Störungen auf der Körperebene sind Phänomene, deren Auftauchen selten allein körperlich, sondern meist im Zusammenhang mit den Gefühlen und der ganzen Lebenshaltung eines Menschen verstanden werden kann. Diese Probleme vermitteln wichtige Lektionen, die derjenige anders zumeist nicht lernen kann. Sie helfen beim Überschreiten der Identifikationsgrenze.

Gefühlswahrnehmung

Eine weitere Wahrnehmungsebene ist der Gefühlsbereich. Dazu gehören Emotionen wie Freude, Liebe, Angst, Traurigkeit, Wut, Hoffnung, Sehnsucht und andere. Typische Störungen des Gefühlsbewusstseins sind beispielsweise emotionale Affekte und Ausbrüche, lang anhaltende Sehnsüchte oder emotionales Leid.

Auch solche Störungen haben einen verborgenen Sinn. Beispielsweise versank ein beruflich eingespannter Mann im Laufe von Jahren in eine Art Melancholie, die ihn von etlichen Pflichten seines täglichen Lebens abhielt. Hinter diesem emotionalen Symptom verbarg sich der Wunsch, nicht bloß »zu schuften«, sondern auch künstlerisch und damit fühlend tätig sein. Ein als ruhig und besonnen geltender Ehemann fuhr eines Tages »aus der Haut« und zerstörte etliche

Möbel des Wohnzimmers. Hinter diesem emotionalen Ausbruch standen zurückgehaltene Gefühle des Eingesperrtseins und sein Bedürfnis nach Befreiung. Eine Frau empfand ihr Leben als langweilig und »kaum zum Aushalten«. Nun wurde sie von einer emotionalen Unruhe befallen. Sie hatte zu lange ausgeharrt, und jetzt meldeten sich die Kräfte der Ungeduld und forderten sie zum Handeln auf.

Ähnlich wie die Körperwahrnehmung ist auch die Gefühlswahrnehmung bei uns »zivilisierten« Menschen weniger entwickelt. Als Ebene, die von wenig Aufmerksamkeit begleitet ist, bietet sie sich Vorgängen aus dem Bereich des Nichtwissens an. Wer glaubt, altruistisch zu sein, wird sich von seiner egoistischen Seite gestört fühlen und diese verdrängen. Diese mag sich in heimlichen Verstößen gegen die verinnerlichte Moral durchsetzen, beispielsweise einem Seitensprung, der sich auf ein starkes Verliebtheitsgefühl beruft. Wer glaubt, nur sanft und liebevoll zu sein, wird seine aggressiven Impulse verstecken. Er muss sich nicht wundern, wenn diese Seiten eines Tages plötzlich »über ihn herfallen«, wenn ihm »die Hand ausrutscht« oder er »außer Kontrolle gerät«. Wer sich darauf festlegt, immer stark zu sein, wird seine Schwäche leugnen. Er mag eines Tages vom Inneren Kind[4] überwältigt werden und in emotional labile Zustände geraten.

Oberflächlich betrachtet, sind ungewöhnliche Gefühlszustände sicherlich lästig oder störend. Dennoch stellen sie Erfahrungen jenseits der Grenze dar und enthalten etwas von dem, was der Mensch sein will.

---

[4] siehe hierzu von Mary, *Begegnungen mit dem Inneren Kind*, Schadeland 2000

Verstandeswahrnehmung

Zum Verstandesbereich gehören Gedanken sowie innere Bilder und Stimmen. Wenn ungewöhnliche und beängstigende Gedanken, Bilder oder Stimmen auftauchen, sprechen wir von einer Störung dieser Ebene.

Ein Klient durchlebt einen längeren Beziehungskonflikt mit seiner Frau. In den Auseinandersetzungen bemüht er sich, verständnisvoll und ruhig zu bleiben. Eines Abends nickt er auf dem Sofa ein. Gerade als er in die Welt des Schlafes gleitet, hört er den Knall einer heftigen Explosion. Der Mann erschrickt und ist mit einem Schlag hellwach. Als wir mit diesem Phänomen arbeiten, erkennt er die Explosion als Symbol seiner Wut, die er vor seiner Frau und sich leugnet. In diesem Fall hat sich ein Gefühl in ein Geräusch verwandelt.

Manche Menschen führen innere Dialoge und Selbstgespräche, in denen sich unbewusste Teile Gehör verschaffen. Andere sehen Bilder oder Erscheinungen, durch die unbewusste Teile Gestalt annehmen.

Eine Klientin öffnet den Kleiderschrank und erschrickt, ihren seit einigen Jahren toten Vater darin zu sehen. Das Bild seiner Erscheinung ist so klar, dass es wirklich erscheint. Der Vater ist nicht zufällig dort. Er hat ihr etwas mitzuteilen. Als sie den Dialog mit ihm aufnimmt, entdeckt sie Gefühle der Liebe für diesen Mann und der Trauer über seinen Tod, über die sie sich nicht klar war. Sie hatte nicht wirklich Abschied von ihm genommen und kann dies nun nachholen. In diesem Fall haben sich Gefühle in Bilder verwandelt und auf diese Weise die Grenze überschritten.

Wahrnehmung von Beziehungen

Zur Beziehungsebene gehört die Wahrnehmung der Menschen, zu denen man in persönlicher Beziehung steht. Grundsätzlich eignen sich Beziehungen hervorragend als Projektionsflächen für Persönlichkeitsanteile, die man an sich selbst nicht wahrhaben will oder kann. Störungen auf der Beziehungsebene machen sich vor allem in Spannungen und Konflikten mit Menschen bemerkbar.

Solche Probleme entstehen unter anderem, wenn man in der Außenwelt seinen Verdrängungen in Menschengestalt begegnet. Hat sich jemand beispielsweise von Aggression getrennt und trifft er einen Menschen, der dieses Gefühl unbefangen zeigen kann, wird er sich von ihm distanzieren, um nicht mit der eigenen Verdrängung konfrontiert zu sein. Er findet ihn dann »unmöglich« oder »unsympathisch« und meint damit seine eigenen, ungeliebten und unverstandenen Anteile.

Ablehnung, Verachtung und Hass, aber auch Anziehung, Faszination und Sehnsucht sind Reaktionen, die darauf hinweisen, dass verdrängte Seiten berührt werden, seien es die Gefühle der Schwäche und Unvollkommenheit oder Bedürfnisse nach Zärtlichkeit und Sexualität oder anderes.

Wer sich verliebt, begegnet im Partner Qualitäten, die seinem bewussten Zugriff entzogen sind, nach denen er sich aber sehnt. Der Kontakt mit dem geliebten Menschen verspricht nun Kontakt mit den fehlenden Qualitäten, weshalb man vom Partner fasziniert ist und seine Nähe sucht. Ein unsicherer Partner könnte von einem selbstsicher wirkenden

Partner fasziniert sein, oder ein ernsthafter von einem, der Leichtigkeit zeigt.

Auch die geschlechtsspezifische Rollenerziehung verursacht eine Trennung von bestimmten Qualitäten, die eigentlich nicht an das Geschlecht gebunden sind. Männer und Frauen verhalten sich noch immer überwiegend entsprechend ihren Rollen und nicht ihrem Wesen, und dieses einseitige Verhalten zwingt sie zum Verzicht auf die »andere Hälfte«. Im Außen, in der Beziehung zu einem Partner, versuchen sie nun, die innere Lücke zu schließen und Verbindung zu den verdrängten Qualitäten der Weiblichkeit und Männlichkeit herzustellen.

Eine weitere Möglichkeit für verdrängte Anteile, auf der Beziehungsebene aufzutauchen, besteht darin, andere Menschen zu einem Verhalten zu verleiten, das man selbst nicht zu zeigen wagt. Der ewig Sanftmütige wundert sich beispielsweise, weshalb Leute zunehmend aggressiv auf ihn reagieren. Die ewig aufopferungsvoll Gebende wundert sich, warum andere nur von ihr nehmen. Auch in diesen Fällen tauchen die verdrängten Eigenschaften im Verhalten anderer auf. Die können etwas, was man nicht kann, sie haben sichtbar eine Grenze überschritten, von ihnen kann man lernen.

Wahrnehmung der Welt

Zur Ebene der Welt gehören Wahrnehmungen wirtschaftlicher oder politischer Rollen und Gruppen, gesellschaftlicher Systeme sowie des Lebens und der Natur. Störungen auf dieser Ebene äußern sich beispielsweise in faszinativer Bindung an gesellschaftliche Phänomene wie Rebellionen oder Kriege sowie in Zuständen von Sinnlosigkeit und Entfremdung vom Leben.

Uns fällt das Beispiel einer Klientin ein, bei der Fernsehbilder hungernder Kinder heftige Weinkrämpfe auslösen. Diese Bilder berühren einen hungernden Teil in ihr selbst – ihre verdrängten emotionalen Bedürfnisse, ihre Sehnsucht nach Schutz, Liebe und Geborgenheit. Hier taucht ein individuelles emotionales Bedürfnis auf der Ebene der Welt auf.

Unterstützt durch die Identifikation mit Materie und materiellen Dingen verstärkt sich der Abstand des »aufgeklärten« Menschen von der Natur und damit eine Trennung von der Welt, die bei »primitiven« Völkern so nicht existiert. Der Mensch beutet den Planeten aus, beschädigt oder zerstört seinen Lebensraum und leidet durch Allergien, Vergiftung, Lärm und Schmutz an den Folgen dieser Trennung. Die Probleme der Umweltverseuchung und die damit einhergehenden Leiden tauchen schließlich als Störung auf und zwingen die Menschheit, die ökologischen Zusammenhänge von Mensch und Natur zu erforschen und ihre Abhängigkeit von der Welt und ihr Eingebettetsein in das Ganze der Existenz zu entdecken.

Der Abstand von der Welt offenbart sich auch in Fragen nach dem Sinn des Lebens. Wenn sie diese Frage stellen, leben Menschen oft zu wenig sinnlich, spüren, bewegen, riechen und fühlen nicht intensiv genug, und dann kann die Sinnfrage eine Aufforderung sein, die Grenzen gegen Sinnlichkeit zu überschreiten.

Bewusste Wahrnehmung

Bewusstsein ist der Bereich, in dem Menschen *erkennen* können. Bewusstsein schafft Distanz – zum Körper, zu Gefühlen und Gedanken, zu Vorstellungen und Träumen, zu Menschen und zur Welt. Störungen des Bewusstseins zeigen sich beispielsweise, wenn der Abstand zu Handlungen verloren geht und man nicht mehr weiß, was man tut. Oder wenn man sich »im Nebel« befindet oder »verrückt« zu sein glaubt.

Auch hinter diesen Störungen steckt meist ein Sinn. Wir erinnern uns an einen Klienten, der in eine offene psychiatrische Abteilung eingewiesen wurde. Begeistert wedelte er mit seinem Klinikausweis vor unseren Augen und erzählte, was er jetzt alles anstellen könne, ohne dass »man mich in die Klapse stecken kann – ich bin ja schon drin«. Er fing an, nachts auf Dächern zu balancieren und in der Straßenbahn laut zu singen. Das Beispiel dieses Mannes zeigt, wozu es gut sein kann, verrückt zu werden: um Dinge zu tun, die man sich aus dem Gefängnis der Identifikation heraus nicht traut. Dann brechen Triebe, Impulse und Gefühle durch, und die Grenze ist überschritten.

Bleibt die Distanz zu wichtigen Teilen des Selbst und des Lebens für lange Zeit bestehen, besteht die Gefahr, dass Bewusstsein und Unbewusstes radikal die Plätze tauschen und derjenige für kurze oder lange Zeit verrückt wird. So lange zumindest, bis er die Dinge wieder gerade rücken kann.

Bewusstsein ist eine wichtige verändernde Kraft. Aber nicht immer sind Menschen in der Lage, Vorgänge bewusst zu verarbeiten. Es kann mitunter lebenswichtig sein, innere

Vorgänge zu verdrängen, wenn deren Bewusstwerdung den Betroffenen überfordern oder gar zerstören würde, und sie unbewusst zu verarbeiten.

Einer unserer Bekannten verlor vor einigen Jahren seine Frau. Über mehrere Jahre gelang es ihm nicht, die Erinnerung an sie loszulassen und den Schmerz der Trennung anzunehmen. Nach einem Herzinfarkt fiel er in ein langes Koma. Am Tag nach seinem Aufwachen besuchten wir ihn am Krankenbett. Sein erster Satz lautete: »Jetzt habe ich meine Frau losgelassen.« Mit diesen Worten fing er zu weinen an. Das war das erste Mal, dass er über den Verlust seiner Frau weinen konnte. Nach einigen Wochen verließ er das Krankenhaus mit dem Vorsatz, »ein neues Leben anzufangen«. Dieser Mann konnte mit dem enormen emotionalen Schmerz der Trennung nicht umgehen. Deshalb hat er ihn so weit aus dem Bewusstsein verdrängt, dass er nur unbewusst, im Zustand des Komas, mit seiner Verarbeitung beginnen konnte.

Ein Koma stellt eine extreme Bewusstseinsstörung dar. Eine weniger intensive Form ist ein Zustand, in dem sich Menschen im »Nebel« oder in »Watte« befinden. In diesem Nebel hat sich oft ein traumatisches emotionales Ereignis verborgen, dem sich der Mensch nur langsam nähern kann, oder aber ein besonders angstauslösendes Bedürfnis, von dem er unbewusst glaubt, es sei besonders »schlimm«, es zu haben.

Nicht nur Individuen, auch Gruppen oder die Gesellschaft können ungeliebte Teile aus dem Bewusstsein verbannen. Was Menschen nicht wahrhaben wollen, müssen sie aus ihrer unmittelbaren Nähe entfernen. In dieser Gesellschaft sind das vor allem Schwäche, Krankheit, Vergänglichkeit und Tod. Mit der Verdrängung der Verrückten in Anstalten leugnen wir unsere eigene Verrücktheit, Vergänglichkeit haben wir in Altersheime und den Tod in Krankenhäuser abgeschoben. Schwache werden in der Gesellschaft der Starken ausgeschlossen, bis sie durch Obdachlosigkeit oder kriminelle Handlungen als Störung im Bewusstsein der Gesellschaft wieder auftauchen. Auch diese so genannten Randgruppen erfüllen damit auf gesellschaftlicher Ebene die Aufgabe, Vorgänge jenseits einer Grenze wahrnehmbar zu machen.

Selbstregulation

Aus den in diesem Kapitel beschriebenen Abläufen wird deutlich, dass jenseits der Aufmerksamkeit liegende Vorgänge von sich aus einen Weg ins Bewusstsein finden und dort in irgendeiner Weise aufgenommen werden. Diese Dynamik bezeichnen wir als *Selbstregulation* des Menschen.

Die Sprache weiß von diesem quasi automatischen Mechanismus menschlicher Selbstbehandlung, denn der Begriff »Selbst« bedeutet »das Unteilbare«. Tatsächlich lässt sich das Selbst nicht wirklich, nicht wirksam teilen. Nur in der Wahrnehmung haben Menschen das Kunststück vollbracht, sich zu teilen, doch das Selbst verfügt über eigene Methoden, die verloren gegangene Ganzheit wiederherzustellen.

Arnold Mindel[5] beschreibt diese Vorgänge anhand der sehr brauchbaren Begriffe Primärprozess und Sekundärpro-

5 Arnold Mindell ist Begründer der Prozessorientierten Psychologie, siehe sein Buch *Der Leib und die Träume*, Neuauflage, Paderborn 2004

zess. Zum Primärprozess eines Menschen gehören demnach dem Bewusstsein nahe stehende, durch Willen und Absicht gekennzeichnete Vorgänge; zum Sekundärprozess die vom Unbewussten gesteuerten, zufällig erscheinenden Abläufe.

Primär sagt ein Mensch vielleicht: »Ich will reich werden und viel arbeiten«, aber sein Sekundärprozess geht in eine andere Richtung und sagt: »Entspannung ist momentan wichtiger.« Dieser Konflikt könnte sich in einer Erkältung, Entzündung oder in anderen Symptomen äußern, die es dem primären Bereich verwehren zu arbeiten und es dem sekundären Bereich ermöglichen zu entspannen. In der Krankheit setzt sich also der sekundäre Prozess »loslassen« oder in unserer Terminologie die »Lust« des Menschen nach Entspannung durch. Auf diese Weise funktioniert Selbstregulation. Das Nichtwissen legt einem Steine und Hindernisse in den Weg, über die man stolpert oder an denen man hängen bleibt. Dann wird man sich gezwungenermaßen damit befassen.

Wer um diese Dynamik weiß und die Botschaften der sekundären Welt (des Nichtwissens) registriert und versteht, wird den verdrängten Teilen freiwillig mehr Platz in seinem Leben einräumen und sich einiges unnötige Leid ersparen. Wer dazu nicht in der Lage ist, für den ist ein Problem manchmal das Beste, das ihm passieren kann, weil er sich dadurch selbst reguliert.

Ein Beispiel solch einer Selbstregulation gibt eine 55-jährige Bibliothekarin. Sie hat das Problem, wichtige Dinge zu vergessen, vor allem solche, die ihre Arbeit betreffen. »Ich kann nicht konzentriert denken, suche Bücher, die ich gerade noch in der Hand hatte, vergesse, welche Information sich in welcher Ablage befindet.« Das Ausmaß ihrer Vergesslichkeit wächst und wird berufsgefährdend; Ärzte können keinerlei körperliche Ursachen dieser Entwicklung feststellen.

Im Laufe der Beratung wird klar, worin das Problem dieser Frau besteht. Mehr als dreißig Jahre ihres Lebens hat sie diszipliniert und konzentriert gearbeitet und andere Lebensbereiche, etwa menschliche Beziehungen und Freizeit, stark vernachlässigt. Ihr Leben verläuft in vernünftigen und ordentlichen Bahnen – bis ihr Problem auftaucht und alles durcheinander bringt, denn nun ist es ihr unmöglich, weiterhin »vernünftig« und »fleißig« zu sein. Im Gegenteil bleibt ihr nichts anderes übrig, als sich, anstatt ausschließlich mit Büchern und Arbeit, mit sich selbst zu befassen. Genau das tut ihr gut, denn indem sie lernt, sich für die so genannten unvernünftigen Dinge des Lebens, für Emotionen, Liebe und Kreativität, zu öffnen, kehren auch ihre Konzentrations- und Arbeitsfähigkeit zurück. In diesem Prozess verbessert sich die Lebensqualität der Frau derart, dass sie schließlich davon spricht, Gott sei Dank dieses Problem gehabt zu haben.

Wandlungsprozesse unterstützen

Veränderung, das haben die letzten Ausführungen klar gemacht, stellt in jedem Fall einen längerfristigen Prozess dar. Die Auseinandersetzung an der Grenze, der Konflikt zwischen Lust und Angst, wird so lange geführt, bis neue Erfahrungen sich festigen und die veränderte Lebenshaltung genügend Sicherheit gewährt. Dazu mag es sinnvoll sein,

Veränderungen bewusst zu unterstützen. Viele Menschen entscheiden sich dann, therapeutische Hilfe in Anspruch zu nehmen, und profitieren hiervon. Veränderung kann aber auch unabhängig von Therapie gefördert werden, indem man seine Aufmerksamkeit den Vorgängen an der Grenze zuwendet und Informationen über Lust und Angst sammelt und darüber, wie die Grenze überschritten werden kann.

Je mehr Informationen über die Situation bewusst werden, desto eher besteht die Möglichkeit, die Impulse der Lust zu unterstützen, ohne die Impulse der Angst aus dem Auge zu verlieren. Dann wird der Prozess des Wandels unterstützt. Wer die Auseinandersetzung zwischen Angst und Lust schließlich bestanden hat, hat keine Lösung gefunden, sondern einen Wandlungsprozess durchlaufen, eine schwierige, mitunter krisenhafte Zeit, und ist darum »ein anderer« geworden.

Wandlungsprozesse im Alltag

Im vorigen Kapitel wurde beschrieben, wie Vorgänge aus dem Nichtwissen durch verschiedene Wahrnehmungskanäle hindurch die Grenze der Identifikation passieren und sich als Störungen des Bewusstseins bemerkbar machen. Auf diese Weise wird das Normalbewusstsein auf mehr oder weniger dramatische Weise beeinflusst, so dass man dann von veränderten Bewusstseinszuständen spricht. In diesen wird die normale Wahrnehmung beeinträchtigt, und es entstehen außergewöhnliche und mitunter beängstigende Erfahrungen.

Der Begriff »veränderte Bewusstseinszustände« ruft möglicherweise Verwirrung hervor. Solche Zustände sind jedoch nichts Geheimnisvolles. Jeder kennt das Phänomen beispielsweise vom Alkoholgenuss her. Ist ein Mensch normalerweise verschlossen, lösen schon einige Gläser Wein seine Zunge. Plötzlich wird er locker, albern, vertraulich oder aggressiv. Diese Verhaltensweisen verbietet er sich im Normalzustand, oder es ist ihm gar nicht bewusst, diese Anteile zu haben. Er muss erst in einen veränderten Bewusstseinszustand gelangen, um Zugang zu ihnen zu bekommen und sie ausdrücken zu können. Sein Bewusstsein ist verändert, weil es kurzfristig andere als gewöhnliche Wahrnehmungen beinhaltet.

Ein weiteres allgemein erfahrbares Beispiel für veränderte Bewusstseinszustände ist der Karneval. In dieser Ausnahmezeit lassen sonst beherrschte Menschen »die Sau raus« und überschreiten so die Grenzen der Normalität. Erwachsene dürfen sich wie Kinder verhalten, Männer können sich wie Frauen kleiden und benehmen, Frauen schneiden Männern den Schlips, das Symbol ihrer Männlichkeit, ab. Menschen tanzen auf der Straße, umarmen wildfremde Leute und werden ausgelassen.

Beim Karneval handelt es sich um gesellschaftlich tolerierte Verrücktheit. Das Nichtwissen braucht jedoch keine Erlaubnis, um sich durchzusetzen. Es ist in der Lage, jederzeit den Normalzustand eines Menschen zu verändern. In dieser Fähigkeit, zu überraschen, zu verunsichern oder »aus der Bahn« zu werfen, zeigen sich die Macht und der große Einfluss des Nichtwissens und die beschränkte Möglichkeit der Menschen, ihr Leben zu kontrollieren. Veränderte Bewusstseinszustände sind nämlich kaum kontrollierbar. Sie »geschehen«.

Sie geschehen, indem Informationen aus dem Nichtwissen überraschend auf bestimmten Wahrnehmungsebenen auftauchen – man könnte auch davon sprechen, sie würden durch unbewachte Wahrnehmungskanäle ins Bewusstsein gelangen – und dessen Zustand verändern.

Im Normalzustand ist das Bewusstsein mit der Alltagsbewältigung befasst. Es beinhaltet dazu in relativ ausgeglichener Weise gegenwärtige (sinnliche), vergangene (erinnerte), zukünftige (projizierte) und distanzierte Wahrnehmungen. Wird es allerdings von gewichtigen Informationen aus dem Nichtwissen »überflutet«, geht diese Normalität verloren.

Dann wird es von bestimmten Wahrnehmungen dominiert, beispielsweise von vergangenen Erfahrungen, oder es wird von Sehnsüchten beherrscht oder von rätselhaften sinnlichen Phänomenen beansprucht oder durch distanzierte Zustände geprägt.

Im Laufe der Jahre haben wir, orientiert am Erleben der Menschen, diese vier veränderten Bewusstseinszustände unterschieden. Es sind die Zustände *Vergangenheit*, *Zukunft* und *Gegenwart* sowie der Zustand *Distanz*. Bevor wir uns diesen Zuständen intensiver widmen und deren Bedeutung für das Thema Veränderung erläutern, hier eine Kurzdarstellung.

Menschen befinden sich im Zustand Vergangenheit, wenn ihr Bewusstsein von geistigen, emotionalen oder körperlichen Erinnerungen bestimmt wird. Es kann sich dabei beispielsweise um starke Gefühle und körperlich empfundene Ängste handeln, die Ausdruck einer Regression in Kindheitserlebnisse sind. Im Zustand Zukunft wird das Bewusstsein von Projektionen zukünftiger Ereignisse, von Träumen und Sehnsüchten so sehr bestimmt, das der Mensch in einer Welt der Pläne und Phantasien lebt. Wird das Bewusstsein von Empfindungen wie Hitze, Schwere, Müdigkeit, Überdrehtheit oder von Süchten bestimmt, sprechen wir vom Zustand der Gegenwart oder von einem Energiezustand. Im Zustand Distanz hat der Mensch in ungewöhnlicher Weise Abstand zu sich selbst eingenommen. In jedem dieser Zustände kann die Wahrnehmung zwischen den verschiedenen Ebenen wechseln.

Solch ein Bewusstseinszustand stellt nicht nur eine Verwirrung, sondern auch eine Möglichkeit dar, zu sinnvollen

Veränderungen zu gelangen. So geben Regressionen die Möglichkeit, die eigenen Annahmen über sich und die Welt zu erkennen und gegen sinnvollere auszutauschen. Phantasien ermöglichen es, Handlungen nach Visionen auszurichten. Über Gegenwartsphänomene kann ein besserer Zugang zur Sinnlichkeit entstehen; und Abstand ermöglicht es, Identifikationen zu erkennen und mitunter Schritte von der polaren Wahrnehmung zur Wahrnehmung der Einheit zu tun.

Wenn die Vergangenheit im Leben auftaucht

Was ist Vergangenheit? Nicht mehr und nicht weniger als die gegenwärtige Abbildung eines Erlebensmusters in Gehirn- und Körperstrukturen. In solchen Strukturen, etwa den Millionen Synapsen des Gehirns, sind bestimmte Auslöser mit bestimmten Reaktionen verbunden. Beispielsweise kann ein unangenehmer Geruch, den man in der Vergangenheit speicherte und dem man in der Gegenwart begegnet, die damals empfundenen Gefühle und Verhaltensweisen aktivieren. Gegenwärtige Auslöser sind sogar in der Lage, umfangreiche Reaktionen – Gefühle, Gedanken, Verhaltensweisen – aus vergangenen Lebensabschnitten zu aktivieren, ohne dass der Betreffende einen Zusammenhang zwischen Auslöser und Reaktion herstellen kann.

Wenn so etwas geschieht und wenn es massive Reaktionen hervorruft, sprechen wir vom Bewusstseinszustand Vergangenheit. Dann werden Situationen und Erfahrungen der Kindheit, einschließlich der damit verbundenen Gefühle und Erinnerungen, vom erwachsenen Menschen wieder erlebt und es kann zu starken, unerklärlichen und bedrohlichen emotionalen und körperlichen Regressionen kommen.

Vergangenheit ist unproblematisch, insofern es sich bei ihrer Reproduktion um die »guten« Seiten der Kindheit handelt. Die verinnerlichte Botschaft »Du bist liebenswert« beispielsweise bedarf keiner Korrektur, denn sie wird sich positiv auf das Leben eines Menschen auswirken. Allerdings hat jeder auch eine Reihe schmerzlicher Erfahrungen gemacht und entsprechende »negative« Botschaften verinnerlicht; und es sind gerade diese Erfahrungen und Überzeugungen, die in Krisensituationen wieder erlebt werden oder die in Krisensituationen hineinführen.

Der Bewusstseinszustand Vergangenheit spielt eine nicht zu unterschätzende Rolle im Leben erwachsener Menschen. Er kann auf zweifache Weise auftauchen. Einmal, indem er sich ins Alltagsbewusstsein einschleicht und das Erleben bestimmt, oder indem er plötzlich ins Alltagsbewusstsein einbricht. Dazu einige Beispiele.

Bei der 42-jährigen Inge entsteht die Vergangenheit allmählich und schleichend. Diese Frau ist völlig überlastet, weil sie einen Mann, Kinder und ein Haus zu versorgen hat und darüber hinaus ehrenamtlich in verschiedenen Vereinen arbeitet und dazu noch kranken Leuten aus der Nachbarschaft unter die Arme greift. Ihre eigenen Bedürfnisse kommen bei so viel Hilfsbereitschaft und Aufopferung derart zu kurz, dass sie am Rande eines körperlichen und nervlichen Zusammenbruchs steht. Ihr wird alles zu viel, sie sagt, sie halte das nicht länger durch.

Die Lebenssituation dieser Frau wird im Zusammenhang ihrer Kindheitsgeschichte verständlich, in der sie die Erfahrung machte, Liebe und Aufmerksamkeit vorwiegend dann zu bekommen, wenn sie etwas für andere leistete. Sie gewann als Kind die Überzeugung, sich Liebe »verdienen zu müssen«, und darüber hinaus die Überzeugung, dass »meine Bedürfnisse nicht so wichtig sind wie die der anderen«.

Indem sie auch als erwachsene Frau unbewusst aufgrund dieser Annahme handelt, also aus einer Haltung der »Wertlosigkeit« heraus lebt, bringt sie sich im Laufe der Jahre nach und nach an den Rand der Verzweiflung, denn statt geliebt und behütet zu werden, wird sie von ihrer Umgebung ausgenutzt. Inge gerät in genau jene Zustände von Hilflosigkeit und Sinnlosigkeit, die sie aus den Tagen ihrer Kindheit kennt. Alles fühlt sich so an und sieht so aus wie »damals«. Damit ist der Bewusstseinszustand Vergangenheit entstanden.

Inge fühlt sich überfordert und verlassen wie ein Kind, genau genommen wie das Kind, das sie einmal war. Aber ein wesentlicher Unterschied liegt darin, dass sie damals bestimmte Gefühle zurückhalten musste, heute diesen Empfinden aber freien Lauf lassen kann. Machen wir uns auf die Spur ihrer LUST. Ihr erster Impuls in diesem Zustand ist es, »zusammenzubrechen«. Indem wir sie unterstützen, in den Sitzungen bewusst zusammenzubrechen, kann sie das ganze Ausmaß ihrer Erschöpfung fühlen. Sie zieht sich eine Decke über den Kopf und verbirgt sich. Nach einer Weile spricht sie die Worte »Ich bin auch da«, die von Zorn begleitet sind. Als sie dem Inneren Kind (ihrem Gefühl) hilft, seinen Zorn und sein Bedürfnis nach Zuwendung auszudrücken, tauchen die Worte »ich will« und »ich brauche« auf. Von diesen Worten hat sie sich in der Kindheit getrennt, weshalb sie in ihrem späteren Leben ohne Bedeutung waren. In der Begegnung mit dem Inneren Kind hat sie sie wiedergefunden, und damit sind ihre Bedürfnisse ins Bewusstsein gerückt.

Wenn wir jetzt vom »Inneren Kind« sprechen, meinen wir damit eine Figur, die symbolisch für ein bestimmtes Erleben steht. Inge ist weder Kind, noch wird sie jemals wieder eines sein. Aber sie fühlt sich so, und deshalb macht es Sinn, diesem Kind Gestalt, Namen und Ausdruck zu geben. Das Innere Kind ist nämlich mehr als Erinnerung, es ist zugleich Symbol heutiger Gefühle. Somit ist das Innere Kind eine Symbolgestalt für intensive Gefühlszustände, und es »leben zu lassen« bedeutet schlicht und einfach, bisher kontrollierte Gefühle auszudrücken.

Inge tut dies, sie regrediert »bewusst« und versteht so etliche Zusammenhänge ihrer heutigen Lebenssituation mit den Ereignissen der Kindheit. Sie begreift ihre Hilfsbereitschaft als Versuch, Liebe zu erhalten, und gibt zu, selbst bedürftig zu sein. Diese Erfahrung ermöglicht es ihr in der Folgezeit, eigene Bedürfnisse anderen Menschen gegenüber besser auszudrücken und durchzusetzen. Sie lernt, sich besser abzugrenzen, nein zu sagen, für sich selbst zu sorgen und zu fordern. In dem Maße, in dem sie eine Haltung größerer Selbstwerthaftigkeit aufbaut, löst sich der Zustand Vergangenheit auf und ihr Bewusstsein pendelt sich in einem als normal empfundenen Zustand ein.

Das nächste Beispiel zeigt, wie jemand nicht allmählich und schleichend, sondern schlagartig und unvermittelt in den Bewusstseinszustand Vergangenheit gerät. Georg hat sich durch die ersten vierzig Jahre seines Lebens »gekämpft«. Seine Lebenshaltung ist eine der Bedrohtheit, seine Annahmen besagen, dass »man sich durchboxen muss, nicht nachgeben und sich nicht hängen lassen darf«. Dementsprechend hart ist sein Verhalten gegenüber sich selbst und anderen, vor allem gegenüber seiner Frau. Bis diese es nicht mehr bei ihm aushält und ihn verlässt. Die Ereignisse brechen nun über Georgs Bewusstsein herein. Er bricht zusammen, und plötzlich ist der große und starke Mann verschwunden, er fühlt sich schutzlos und verlassen »wie ein kleines Kind«.

Er ist den nun einsetzenden Gefühlsschüben, nächtlichen Zitteranfällen, Bauchkrämpfen und der zuweilen auftauchenden Atemnot des Inneren Kindes ausgeliefert. Sein Zustand ist derart verändert, dass er sich selbst nicht wiedererkennt und manchmal fürchtet, verrückt zu werden. Der Bewusstseinszustand Vergangenheit hält ihn fest umklammert und hindert ihn daran, für eine Weile sein normales Leben zu führen.

In den Sitzungen, die er infolge dieser Krise nimmt, kann Georg sich erlauben, das Kind zu erleben, das sich in seinem Inneren ausbreitet. Er beginnt zu jammern und zu weinen und entdeckt auf diese Weise eine bedürftige Seite. Darin, weich und schwach zu sein, liegt die LUST der Situation. Die Wucht der Ereignisse wirft ihn weit in die Vergangenheit zurück, als er in einer Sitzung seine Geburt wiedererlebt. In diesem Erlebnis entdeckt er den Ursprung seines Kontextes der Bedrohtheit und der Überzeugung, er müsse »durchhalten« und dürfe »nicht nachgeben«, in der Angst, im Geburtskanal hängen zu bleiben und zu ersticken. Nach diesem Erlebnis kann er sein Zittern und die nächtlichen Angstanfälle als körperliche Erinnerungen im Zusammenhang mit seiner Geburt begreifen, wodurch diese Zustände ihre zuvor unerklärliche Bedrohung verlieren.

Vielen Menschen scheint es kaum vorstellbar, dass bestimmte Lebenshaltungen in Geburtsvorgängen entstehen können. Das ist jedoch möglich, da solche Ereignisse die

Wahrnehmung bereits vor der Sprachentwicklung prägen können. Inzwischen hat die medizinische Forschung beispielsweise nachgewiesen, dass Menschen, die eine schwere Geburt durchlebten, im späteren Leben wesentlich mehr Angst empfinden als solche mit relativ leichter Geburt. Der Hirnforscher Gerhard Roth weist ebenfalls auf die prägende Bedeutung der Vorgänge vor, während und nach der Geburt hin, indem er schreibt:

Die Geburt und die Erlebnisse der ersten Stunden, Tage, Wochen und Monate danach wirken als Umweltreize zutiefst auf diese Konditionierungsebene ein und formen dadurch das Grundgerüst unserer Persönlichkeit [...]. Das sich entwickelnde Gehirn saugt förmlich die Einwirkungen der (engeren) Umwelt in sich auf.[6]

In der Struktur seiner Persönlichkeit kann man demnach jederzeit dem Inneren Kind begegnen. Georg ist ihm, in diesem Fall dem Baby, das er einmal war, begegnet und von der Tiefe und Intensität dieses Erlebnisses berührt. Im Laufe der nächsten Monate wird er weicher und beginnt, mehr über seine Gefühle zu sprechen und sich anderen anzuvertrauen. Er bewegt sich vom Kontext der »Bedrohtheit« hin zu einer Haltung von »Vertrauen«.

Georgs Regression in kindliches Bewusstsein war keinesfalls zufällig geschehen. Er hatte sein einseitiges Verhalten, zu kämpfen und stark zu erscheinen, buchstäblich auf die Spitze getrieben, war unerbittlich gegen sich, seine Freunde

6 Gerhard Roth, *Fühlen, Denken, Handeln*, Frankfurt 2001, Seite 456

und seine Frau gewesen. Mit der Trennung überwältigten ihn verdrängte, bedürftige Persönlichkeitsanteile. Jetzt begann ein Prozess, der zur Verbindung mit den weichen und mitfühlenden Qualitäten seines Selbst führte. Am Ende dieser Entwicklung ist Georg ein sanfterer Mann, was dazu führt, dass er sich seiner Frau annähern kann.

Nicht jeder Leser mag die letzten beiden Beispiele nachvollziehen können, deshalb hier eines, das alle kennen. Jeder Mensch gerät im Laufe seines Erwachsenenlebens früher oder später in den Bewusstseinszustand Vergangenheit, durch ein Gefühl, das ihn augenblicklich in diesen Zustand katapultiert: das Gefühl der Eifersucht. Darin wird das Innere Kind lebendig.

Wenn der Partner sich jemand anderem zuwendet und man mit der Angst konfrontiert ist, verlassen zu werden, werden fast schlagartig Lebens- und Überlebensängste aus frühester Kindheit wach, die mit der realen Situation des Erwachsenendaseins und seinen Möglichkeiten nichts zu tun haben. Der gerade noch selbstsichere Mensch fühlt sich machtlos und verloren, seinen Gefühlen und Ängsten ausgeliefert und verhält sich wie das Kind, zu dem er emotional regrediert. Diese emotionale und körperliche Regression kann sich in Atemnot, Zittern, Kälteempfinden, Schmerzen, Trauer, Hass, kurz in allem äußern, was Kinder durchmachen, wenn sie sich verlassen fühlen.

Auch wenn sich kaum jemand bewusst an die Erlebnisse und Reaktionen der Säuglingszeit erinnern kann, so hat der Körper alle Erinnerungen gespeichert und kann diese durch entsprechend intensive Auslöser aktivieren. Dann fühlt man den Schmerz des Abgeschnittenwerdens, den Schock des ersten Atemzuges oder manchmal das unbeschreibliche Glück der Ankunft in der Welt.

Der Bewusstseinszustand Vergangenheit muss also nicht in jedem Fall problematisch durchlebt werden. Viele Menschen, deren Leben vorwiegend von Vernunft bestimmt ist, erleben den Kontakt mit dem Inneren Kind, mit ihren verspielten, unschuldigen, zarten und lebendigen Seiten, als unmittelbare Bereicherung ihres Lebens. Sie erinnern sich an lange vergessen geglaubte Ereignisse und entwickeln eine Liebe zu dem Kind in sich, die ihnen hilft, die emotionale und unvernünftige Seite ihres Selbst anzunehmen und dadurch Verbindung zu kreativen und spontanen Kräften zu bekommen.

Hans, ein Elektronikingenieur, macht eine solche Erfahrung. In seinem Arbeitsalltag ist er effektiv, sein Privatleben erlebt er als fad und eintönig. Während er mit bedrückter Stimme von seinem Leben erzählt, rutscht er unruhig und angespannt auf seinem Stuhl hin und her. Seine Finger trommeln nervös auf die Armlehne. Wir fordern ihn auf, dieses Trommeln zu erforschen. Er entdeckt einen leichten und hüpfenden Rhythmus darin. Als er diesen Rhythmus in seine Beine bringt, steht er auf und fängt zu hüpfen an – zu hüpfen wie ein Kind. Nach einer Weile bekommt er einen Lachkoller. In seiner LUST zu hüpfen fühlt er sich 6 Jahre alt. Anschließend zeigt er sich angetan von dem Kind, von dessen Leichtigkeit und Freude. Er erinnert sich an schöne Phasen der Kindheit, in denen er Freude und Glück erlebte. Kurze Zeit nach diesem Erlebnis verliebt er sich in eine Frau – sein Herz war aufgegangen.

In den vorangegangenen Beispielen wurden Menschen von starken emotionalen Vorgängen ergriffen, weil sie sich lange Zeit zu einseitig »vernünftig« verhielten. Es ist aber auch möglich, dass jemand normalerweise einseitig von Gefühlen bestimmt wird und seine verstandesmäßigen Kräfte vernachlässigt, wie das nächste Beispiel zeigt.

Lisa wird nach der Trennung von ihrem Freund von Gefühlen derart überschwemmt, dass sie den Alltag kaum noch zu bewältigen vermag. Ihre Wohnung versinkt im Chaos, und sie vernachlässigt ihre beruflichen Pflichten. Sie lässt sich gehen, sie weint und trauert, aber der Ausdruck dieser Gefühle erleichtert sie nicht. Sie spricht davon, diesen Zustand und das Karussell der Gefühle leid zu sein. Darin äußert sich ihre LUST. Sie braucht offensichtlich nicht Ausdruck, sondern Abstand zu ihren Gefühlen.

Den bekommt sie, indem wir im Sitzungsraum ein großes Chaos anrichten, demonstrativ jammern, trauern, weinen und uns von diesen Gefühlen überwältigt zeigen. Wir tun, was Lisa sonst tut. Lisa schaut »sich« verwundert zu, schüttelt den Kopf und beginnt, den Sitzungsraum aufzuräumen. Dabei spricht sie zu den regredierten Begleitern wie eine sorgende, aber bestimmende Mutter zu ihrem Kind. »Jetzt ist es genug, jetzt reiß dich mal zusammen. Jammern bringt dich nicht weiter. Wozu hast du eigentlich sonst noch Lust?«

Jetzt hat Lisa ihren Verstand eingeschaltet. Sie hat Abstand zu ihren Gefühlen, fühlt sich klarer und weiß nun, was zu tun ist – den Alltag organisieren, Kontakte knüpfen, sich »zusammenreißen« und etwas Schönes unternehmen. Natürlich ist die Angelegenheit damit für Lisa nicht völlig erledigt. Aber sie hat in Verstandeskräften Orientierung und ein Gegengewicht zu den starken Gefühlen gefunden, wodurch diese an Macht verlieren werden und sie ihr Leben wieder in die Hand nehmen kann.

Dabei ist Lisa der »Innere Erwachsene« zu Hilfe gekommen. Damit ist eine Figur gemeint, die Verstandeskräfte symbolisiert. Sie ist in Gestalt der sorgenden, den Überblick wahrenden, zugewandten und dennoch bestimmten Mutter aufgetaucht. So wie diese Mutter – zugewandt, liebevoll und dennoch abgegrenzt – brauchen Kinder ihre Eltern. Jedes Kind hatte in den Erwachsenen ein Gegenüber, und diese beiden Figuren existieren innerlich als Inneres Kind und Innerer Erwachsener quer durchs Leben weiter. Damit ist nichts Mystisches gemeint, sondern einfach, dass in der Kindheit die Kräfte Gefühl und Verstand die wesentlichsten waren und dass man diesen Kräften Gestalt und Ausdruck geben kann und dadurch wichtige Informationen erhält.

Vergangenheitsbewältigung

Vergangenheitsbewältigung ist ein zentrales Thema beinah jeder Therapie oder Selbsterfahrung. Doch kaum jemand kann sich ein Bild vom wirklichen Einfluss der Vergangenheit machen. Für manche Menschen scheint Vergangenheit nur eine Ansammlung von Erinnerungen, Bildern oder gelegentlichen Gefühlen zu sein, und sie glauben, die Vorfälle der Kindheit vergessen oder ignorieren zu können. Andere meinen im Gegensatz dazu, ohne die Aufarbeitung der

Kindheit seien im Leben keine Fortschritte zu machen, und wühlen demzufolge ständig in Vergangenem herum. Beide Haltungen verkennen unserer Meinung nach die Bedeutung der Vergangenheit, indem sie diese unter- oder überbewerten. Wir gehen davon aus, dass die eigentlichen Probleme des erwachsenen Menschen nicht in den Vorfällen der Kindheit selbst begründet sind, sondern in dem, was durch diese Vorfälle entstanden ist: in der Struktur der Wahrnehmung.

Vergangenheit zu bewältigen heißt demnach, die Strukturen zu verändern, die Probleme in immer ähnlicher Weise entstehen lassen: die Wahrnehmung, den Kontext, die Lebenshaltung.

Stellen wir uns eine Druckwalze vor, die an mehreren Stellen verformt ist. Diese Verformungen symbolisieren frühe Ereignisse des Lebens, die Eindrücke auf der bis dahin glatten Druckwalze hinterließen. Jedes Blatt Papier, das ab diesem Zeitpunkt an der Walze vorbeiläuft, bekommt nun die gleiche Prägung. Dabei ist es gleichgültig, was im Einzelnen auf das Papier gedruckt wird.

Die Druckwalze entspricht der menschlichen Wahrnehmung, jedes Blatt Papier steht für ein Ereignis. Auf diese Weise, durch die unter dem Papier liegende Walze (den Kontext), bekommen alle späteren Lebenserfahrungen den Stempel der Vergangenheit aufgedrückt und werden zu ähnlichen Erfahrungen. Durch die Prägung der Wahrnehmung reproduziert sich also Vergangenheit, nicht durch die Ereignisse selbst. Diese Prägung hinterlässt Spuren auf allen Ebenen des Selbst, in Körperstrukturen, Körperhaltungen und Verspannungen von Muskeln und Organen, in der Abwendung von bestimmten Gefühlen und in der Identifikation mit anderen Gefühlen, in Einstellungen und Überzeugungen, Meinungen und Urteilen, im Grad der Wachheit und dem Ausmaß, sich selbst und seine Handlungen ansehen zu können, im Ausmaß, mit dem man sich für andere Menschen öffnet oder sich ihnen verschließt, im Vertrauen oder Misstrauen, das man dem Leben entgegenbringt, und dem Empfinden von Sinn oder Sinnlosigkeit.

Wenn also Körper, Verstand, Gefühle, Beziehungen und Bewusstheit durch eine in der Vergangenheit entstandene Wahrnehmung beeinflusst sind, bedeutet das zugleich, dass nichts von dem, das jemand fühlt oder denkt, im eigentlichen Sinne wahr ist. Es ist »bloß« für wahr genommen.

Kind und Erwachsener

Gefühl und Verstand sind die bestimmenden Kräfte des Bewusstseinszustandes Vergangenheit, weshalb sich aus der Kindheit resultierende Probleme oft als Spannung und Konflikt zwischen Gefühls- und Verstandeskräften bemerkbar machen. Bei der Arbeit mit diesem Zustand kann es daher nützlich sein, diese Kräfte durch die Symbolgestalten »Kind« und »Erwachsener« greifbar zu machen. Diese Begriffe sind mittlerweile in etlichen Therapien etabliert.

Zu Beginn des Lebens nimmt man überwiegend Gefühle wahr, ist Kind. Erst im Laufe der Zeit entwickelt sich ein Verständnis davon, wie »drinnen« und »draußen« zusammenhängen und wie das Leben funktioniert. Man beginnt zu verstehen, und das ist die Geburt des Verstandes, des Inneren Erwachsenen. Man versteht, welche Gefühle erwünscht und welche unerwünscht sind. Man begreift, welches Verhalten welche Reaktion der Umwelt nach sich zieht, und entwickelt das unter diesen Umständen effektivste Verhalten. Damit bilden sich allgemeine Glaubenssätze und tiefe Überzeugungen vom Leben, die auch im Erwachsenenleben erhalten bleiben.

Jeder Mensch hat solche emotional und verstandesmäßig fundierten Überzeugungen verinnerlicht. Sie sagen, dass »man sich für Liebe aufgeben muss«, dass »man doch nicht bekommt, was man braucht«, dass »man aufgeben muss« oder andere ebenso wahre Unwahrheiten oder unwahre Wahrheiten. Man glaubt fest, dass das Leben wirklich »so ist«, aber diese Erfahrungen sind Erfahrungen der Vergangenheit und enthalten nicht die Wahrheit, sondern ein völlig individuelles Verständnis des Lebens.

»Ich muss stark sein«, »Ich darf mich nicht zu sehr freuen«, »Ich muss brav sein«, »Ich darf nicht wütend sein«, »Ich bin hässlich«, »Ich darf nicht glücklich sein«, »Ich bin es nicht wert, geliebt zu werden« sind solche Überzeugungen, mit denen Menschen sich identifizieren. Jede dieser Überzeugungen schließt bestimmte Gefühle und Gedanken aus dem Erleben aus. So entsteht eine innere Spaltung, die sich auf das gesamte Leben auswirkt, die Spaltung von Verstand und Gefühl, die Spaltung von Innerem Erwachsenen und Innerem Kind. Diese beiden Gestalten sind an allen Konflikten im Zustand der Vergangenheit beteiligt.

Früher hatten die Eltern die Rolle des Erwachsenen und man selbst die Rolle des Kindes inne. Heute hat man beides verinnerlicht und verhält sich mit dem eigenen Verstand zu den eigenen Gefühlen wie die Eltern sich zu einem selbst verhielten.

Erwachsene machen sich den gleichen Druck, den sie damals von den Eltern erfuhren, und lehnen die gleichen Seiten von sich ab, die damals von den Eltern abgelehnt wurden. Wir bezeichnen diese Art des unbewussten Umgangs mit sich selbst als den Kontakt von Dunklem Erwachsenen (verständnislose/lieblose Eltern) und Dunklem Kind (das ungeliebte Kind). In der Arbeit mit dem Zustand Vergangenheit besteht nun die Chance, sich mit dem Verstand zu den eigenen Gefühlen wie liebevolle und verständnisvolle Eltern zu ihren Kindern zu verhalten.

Indem jemand als solch ein »heller Erwachsener« Kontakt zum Inneren Kind aufnimmt, indem er dessen Bedürfnisse anerkennt und ihm Unterstützung gewährt oder Grenzen aufzeigt, transformiert er das Dunkle Kind zum Hellen Kind. Es ist hell, weil es sich geliebt und geachtet fühlt. Anders ausgedrückt: Ein respekt- und achtungsvoller Umgang mit sich selbst lässt den Menschen eins mit sich sein. Diese Art, mit der Vergangenheit umzugehen, befreit zugleich von der Idee, man müsste Vergangenheit und das Innere Kind loswerden oder hinter sich lassen. Man kann im Gegenteil die Vergangenheit nutzen, um innere Spaltungen zu erkennen und aufzuheben.

Die persönliche Geschichte umschreiben

Liegt eine wesentliche Ursache vieler Probleme in der beschriebenen Kluft zwischen Gefühl und Verstand, dann heißt eine zu lösende Aufgabe der Vergangenheitsbewältigung, Gefühle und Verstand in Harmonie miteinander zu bringen. Diese Chance ergibt sich immer dann, wenn das Bewusstsein vom Zustand Vergangenheit dominiert wird, denn dann kann man diese Vorgänge erforschen. Man durchlebt vergangene Erlebnisse wie Trennungen, Bestrafungen, Schmerzen oder sogar Geburt, aber auch verschüttet geglaubte Lebensfreude, kindliche Unschuld und Liebe wieder.

Allein die Erfahrung, als Erwachsener mit dem Zustand Vergangenheit bewusst in Kontakt zu kommen, verändert die Wahrnehmung. Denn indem man heute etwas von damals mit den dazugehörigen Gefühlen wiedererlebt und es als der Vergangenheit zugehörig erkennt, gewinnt man Distanz zu den eigenen, bisher gültigen Annahmen über sich und das Leben. Man begreift, dass die Welt nicht wirklich »so ist«, sondern lediglich damals so erschien und manchmal heute noch so erscheint.

Und doch reicht pures Wiedererleben der Vergangenheit nicht aus. Wenn die Arbeit mit der Vergangenheit fruchtbar werden soll, muss den vergangenen Situationen die Qualität hinzufügt werden, die das Kind damals nicht zeigen durfte.

Anders ausgedrückt gilt es, genau das zu tun, und zu sein, was damals nicht gut war, zu tun oder zu sein.

Vielleicht ist jemand von seinen Eltern geschlagen worden und hat eine harte Schale entwickelt, hinter der sich noch heute seine Empfindsamkeit verbirgt. Im geschützten Raum der Selbsterfahrung mag es gelingen, das zu tun, was man als Kind nicht tun konnte oder nicht tun durfte:

seine wahren Gefühle zu zeigen, seine Wut und Verzweiflung und das Bedürfnis nach Liebe. Darin liegt die LUST desjenigen.

Angeleitet von diesen Lustimpulsen kann man wertvolle neue Erfahrungen sammeln, die im alten Kontext keinen Sinn ergeben. Beispielsweise sich aggressiver verhalten und dabei erfahren, dass niemand böse wird. Im Gegenteil, Menschen reagieren positiv und drücken ihre Erleichterung darüber aus, jemand authentisch zu erleben. Oder jemand öffnet sein Herz, und niemand lacht ihn aus. Stattdessen erfährt er Unterstützung und Anerkennung. So werden alte Überzeugungen auf den Kopf gestellt, und damit wird die persönliche Geschichte umgeschrieben.

Die persönliche Geschichte umzuschreiben bedeutet, andere als die damaligen Deutungen zu tätigen, darin einen anderen Sinn zu finden, der neue Annahmen und andere Verhaltensmöglichkeiten liefert.

Fazit

Die individuelle Vergangenheit zu bewältigen bedeutet, Selbstbegrenzungen aufzulösen, die im Kontakt mit Erwachsenen entstanden sind, denen man als Kind gegenüberstand. Deren Verhältnis bildet sich um Umgang mit sich selbst ab. Die negativen Auswirkungen dieses Umgangs bleiben lange verborgen, bis sie durch bestimmte Auslöser ins Bewusstsein rücken. Dadurch ergibt sich die Chance, die damals entstandenen Strukturen zu verändern.

Heute geht es darum, auch das zu sein, was man damals nicht sein konnte. Dies ist ein Prozess der Selbstfindung, in dem man Freiheit von Bewertungen und Verurteilungen gewinnt und den Mut findet, »man selbst« zu sein. Darin besteht das eigentliche Ziel der Vergangenheitsbewältigung.

Von der Zukunft in Bann genommen sein

Es kann vorkommen, dass Menschen von Sehnsüchten und Visionen »gepackt« und nicht mehr losgelassen werden. Solche Zukunftsbilder können starke körperliche und emotionale Empfindungen hervorrufen. All das zusammen, die Bilder und die sie begleitenden Gefühle und Empfindungen, beschreiben den Bewusstseinszustand Zukunft. Zu diesem Zustand gehören alle Arten von Tagträumen, wie Wünsche, Phantasien oder Vorstellungen, die sich auf die Lebensziele eines Menschen, seine beruflichen Pläne, seine familiären Sehnsüchte, sein Trachten nach Ruhm und Erfolg beziehen und die sein Verhalten wesentlich lenken.

Man träumt von einer großen Karriere, vom richtigen Liebespartner, von der Südsee, von erfüllter Sexualität, von der Million im Lotto ... und gebraucht seine ganze Kraft zur Erfüllung dieser Ziele. Demnach ist auch der Bewusstseinszustand Zukunft jedermann vertraut. Denn die meisten Menschen leben und arbeiten auf Ziele hin und orientieren sich damit an einer Zukunft, die lediglich aus Vorstellungen besteht. Allerdings kann diese Zukunftsorientierung derart raumgreifend sein, dass das Leben davon beherrscht wird. Denn die Verheißungen dieser Zukunft sind süß und mächtig. Ihre Versprechungen lassen sich auf die Formel »Wenn ..., dann ...« bringen.

Wenn ich den richtigen Partner gefunden habe, dann ... ! Wenn ich erst einmal der reichste Mann am Orte bin, dann ... ! Wenn ich Professor an der Universität bin, dann ... ! Wenn wir erst einmal unser Haus und zwei Kinder haben, dann ... ! Wenn ich die Umsatzgrenze von 200 Millionen überschritten habe, dann ... ! Wenn ich erleuchtet bin, dann ... !

Zukunftsträume sind sozialer oder materieller Art, Beziehungsträume oder spirituelle Träume. Sie üben beträchtlichen Einfluss auf das Leben eines Menschen aus, indem sie ihn dazu bringen, etwas ganz Bestimmtes zu tun, beispielsweise zu heiraten, Häuser zu bauen, ein Geschäft zu eröffnen, einen bestimmten Beruf zu erlernen, eine Partnerschaft zu beginnen, in ein Kloster zu gehen, Kinder in die Welt zu setzen, zu stehlen oder etwas anderes.

Traumbotschaften

Man sollte solche Visionen weder ignorieren wollen noch als Träumerei und Spinnerei abtun, auch wenn sie mitunter sehr phantastisch erscheinen mögen. Auch der gewagteste Traum beinhaltet nämlich wichtige Botschaften. Allerdings, und das ist wesentlich, haben diese Zukunftsvorstellungen mehr mit der Gegenwart als mit der Zukunft zu tun. Wieso? Weil man nur von etwas zu träumen vermag, das im gegenwärtigen Leben fehlt.

Deshalb weist der Bewusstseinszustand Zukunft auf etwas hin, das gegenwärtig fehlt, das sehr wichtig ist und daher dringend gebraucht wird.

Beim Fehlenden handelt es sich um eine Fähigkeit oder Qualität, die durch den gegenwärtig vorherrschenden Lebenskontext aus dem Erleben ausgeschlossen ist. Die bestehende Identifikation lässt dieses Erleben nicht zu. Verdrängte Energien benutzen nun einen Trick, um auf sich aufmerksam zu machen. Sie täuschen das Normalbewusstsein, indem sie sich in Bildern verstecken und diese in eine ferne Zukunft verlagern. Durch ihre Verkleidung in Visionen verlieren diese an Bedrohung. Beispielsweise könnte jemand davon träumen, einen Boxkampf zu gewinnen, und das kann ihn dazu bringen, ein Boxtraining zu absolvieren. Die gesuchte Fähigkeit hinter diesem Traum könnte darin bestehen, sich im Alltag besser durchzusetzen, was derjenige sich auf seine konkrete Situation bezogen jedoch nicht vorstellen könnte.

Neben der Vorbereitung einer konkreten Zukunft liegt die Bedeutung von Träumen also in Informationen, welche sie über die jetzige Situation und den momentanen Zustand geben. Der Traum vom Urlaub taucht bei jemandem auf, der viel arbeitet, erschöpft ist und zu wenig Zeit für sein Bedürfnis nach Entspannung hat. Ist jemand etwas erschöpft, träumt er von drei Wochen Urlaub am Mittelmeer. Empfindet er seine gesamte Arbeit als sinnlos und lustlos, träumt er von einem Jahr Urlaub in der Südsee oder davon, »ganz« auszusteigen und »für immer« ans andere Ende der Welt zu gehen.

Hinter solchen Bildern einer fernen Zukunft verbirgt sich eine konkrete Botschaft für das Heute. Diese offenbart sich, wenn man den Bewusstseinszustand Zukunft ernst nimmt und sich in seine Bilder und Zustände hineinbegibt. Das geschieht beispielsweise, indem man in einer leichten Trance die Zukunft so erlebt, als ob sie jetzt gerade geschehe, wie das im folgenden Beispiel der Fall ist. Jemand will unbedingt reich werden, die Idee ist zur fixen Vorstellung geworden. Was steckt dahinter?

Begleiter: Wenn du der reichste Mann am Ort bist, was ist dann mit dir?
Klient: Dann wohne ich in einem großen Haus, oben auf dem Berg, mit Blick auf das Tal. Ich sitze auf der Veranda und schaue hinunter.
Begleiter: Während du da sitzt und schaust, was erlebst du da? Was ist dann mit dir?
Klient: Ich brauche nichts zu tun, denn alles kommt zu mir. Ich lasse die Dinge auf mich zukommen.
Begleiter: Wenn du die Dinge auf dich zukommen lassen kannst, was ist dann mit dir?
Klient: Ich kann mir Zeit lassen, kann vertrauen.

Das ist es, was dieser Klient gegenwärtig sucht: einen Zustand und eine Lebenshaltung größeren Vertrauens. In seinem Alltag lebt er in einer Atmosphäre der »Unsicherheit«. Die Botschaft des Traumes lautet: »Lass dir Zeit, lass die Dinge auf dich zukommen, vertraue, vertraue dich dem Leben mehr an.« Um das zu tun, braucht der Mann nicht unbedingt reich zu werden. Wenn er andere Möglichkeiten findet, zu entspannen und zu vertrauen, werden die Vorstellungen vom vielen Geld verschwinden, und er wird Ruhe finden, anstatt sich in Träumen zu verlieren. Im Gegenteil, wenn er mit der Erfüllung des Bedürfnisses »zu vertrauen«

wartet, bis er der reichste Mann am Ort ist, wird er die ersehnte innere Ruhe wahrscheinlich nie finden. Dann hätte er durch Druck und Hetze Reichtum erlangt, es aber versäumt, eine Lebenshaltung von »Vertrauen« aufzubauen, und würde seinen Reichtum daher nicht in Ruhe und Vertrauen genießen können. Er würde vielmehr die gleichen alten Ängste und Unsicherheiten erleben, nur würden sie sich jetzt auf sein Geld beziehen.

Die Botschaft eines Traumes offenbart sich, wenn man entdeckt, mit welchen Qualitäten und Fähigkeiten der Traum den Menschen verbinden will und welches seiner verborgenen Potenziale sich im Traum zu verwirklichen sucht. Die Gefahr der Zukunft liegt nun darin, die Erfüllung der Träume ausschließlich in die Ferne zu verlegen. Die Botschaft des Zukunftstraumes gilt aber jetzt, und wer sie verpasst, läuft Gefahr, von seinen Bildern verfolgt und nicht mehr losgelassen zu werden. So können Träume ins Unendliche wachsen, und Menschen werden mitunter von ihnen besessen. Dann braucht das neue Auto 200 PS, 300 PS, 500 PS ... und trotzdem stellt sich das versprochene Glück nicht ein.

Wer jedoch die konkrete Botschaft seiner Vision aufgreift, wird nicht auf die Erfüllung eines Traumes warten oder seinen Träumen hinterherlaufen müssen. Er wird schon in der Gegenwart etwas von dem erleben können, was der Traum verspricht. Deshalb sollte man Träume entschlüsseln, sonst fällt man auf ihre äußeren Bilder herein und verpasst die inliegende Botschaft, den Kern der Träume.

Jeder kennt Menschen, die ihre Träume äußerlich verwirklichen, Häuser bauen, Erfolg haben, Stars werden, reich, berühmt oder mächtig, die jedoch am Kern ihrer Träume vorbeilaufen. Diese Menschen haben ein äußeres Ziel erreicht, haben aber das innere Ziel verpasst. Sie haben eine Sache erreicht, aber die innere Atmosphäre, ihr Lebenskontext, bleibt davon oft unverändert. Die Sache an sich aber bedeutet wenig. Denn es ist der Kontext, in dem etwas erlebt wird, was über den Wert dieser Sache entscheidet, nicht die Sache selbst.

Wenn ein Mensch im Kontext »Sinnlosigkeit« lebt, erlebt er vor dem Reichtum seine Armut als sinnlos, und wenn der Reichtum da ist, wird das viele Geld für ihn ebenso sinnlos sein wie zuvor die Armut. Wer jedoch aus einem Kontext der Sinnhaftigkeit lebt, verliert auch durch eintretende Armut seinen Lebenssinn nicht.

Machtvolle Zukunftsträume fordern also dazu auf, die Persönlichkeit zu verändern und so zu werden, wie man am Ziel der Träume zu sein glaubt – ruhiger, mutiger, sicherer, lebendiger, liebender, stärker, entspannter, weicher oder sonst wie.

Besessen sein

Wenn jemand die Botschaft seiner Träume nicht zu erkennen vermag oder diesen nicht näher kommt, wächst die Faszination der Vorstellung und der Mensch erliegt dem Bann seines Traumes. Er wird zum Besessenen. In diesem Zustand kann er »Dummheiten« begehen, die sein Leben radikal verändern und auf diesem Weg den Rahmen seiner Identifikation sprengen.

Gerhard lebt seit zwölf Jahre in enger Beziehung zu seiner Frau. Ihrer partnerschaftlichen Überzeugung entspricht es, für Harmonie und Frieden in der Ehe zu sorgen und alles voneinander fern zu halten, was zu Streit führen könnte. So bleiben viele Dinge unausgesprochen, und im Laufe der Jahre wird die Luft dick und die Atmosphäre der Ehe eng. Gerhard träumt sich nun eine Zukunft zurecht, in der er einer »wahren« Partnerin begegnet und in der er frei und stark ist. Dieser Traum gewinnt solche Macht, dass Gerhard sich auf eine heimliche Beziehung mit der Freundin seiner Frau einlässt. Als aus dieser Beziehung ein Kind entsteht, kommt alles heraus.

Die Identifikation mit seiner Idee einer harmonischen Beziehung und seine Angst vor Konflikten haben Gerhard gezwungen, »nett« und »rücksichtsvoll« mit seiner Frau umzugehen. Weil er das, was ihn in der Beziehung störte oder verletzte, nicht äußerte, fühlt er sich unfrei und schwach. Seine LUST, sich frei zu fühlen, zeigt sich in seinen Träumen. Als die Beziehung zu seiner Frau allerdings am Abgrund steht, wacht er auf, und ihm wird klar, wie viel sie ihm bedeutet. Da er sie nicht verlieren will, ist er nun gezwungen, das zur Sprache zu bringen, was ihm an seiner Ehe missfällt. Da auch seine Frau sich nicht trennen will, beginnen beide einen schwierigen und langwierigen Prozess, der zu Verständigung im Kontext von Offenheit und Ehrlichkeit führen soll.

Dieses Beispiel zeigt, wie stark verdrängte Energien sein können und wie sie sich unabhängig von der Identifikation durchsetzen. Obwohl Gerhard sich nicht verlieben wollte, und schon gar nicht in die Freundin seiner Frau, geschah es.

Den Verlockungen seiner Zukunftsträume konnte er nicht widerstehen, denn dort erfüllte sich ein kühner Wunsch: Er wurde »ein anderer«. Im Traum hat er die Grenze seiner Identität überschritten, ist ein starker und selbstbestimmter Mann geworden. Nun besteht seine Aufgabe darin, dieser Mann auch in der Ehe zu sein. Diese Aufgabe und damit echte Heldentaten hat er in Angriff genommen.

In jedem starken Zukunftstraum steckt die LUST, ein anderer zu sein, also die Lust auf Veränderung. So auch bei Birgit, einer 37-jährigen Frau, die seit Jahren von einem eigenen Pferd träumt. Eines Tages erfüllt sie sich gegen alle Vernunft diesen Traum. Was erlebt sie nun? Die Pflege des Pferdes und das Reiten vermitteln ihr »einen eigenen Lebensbereich«. Sie lernt sich durchzusetzen, bestimmt zu sein, zu führen und zu lenken. Sie kommt in Verbindung mit einer Kraft, die sie »gerade im Leben stehen« nennt. Reitend nimmt sie eine Haltung der »Aufrichtigkeit« und »Unabhängigkeit« ein, die sie in ihrem Alltag als Hausfrau vermisst.

Da sie deswegen in die Beratung kommt, fordern wir sie in einer Sitzung zu einem Ritt durch ihren Alltag auf. Nicht als »Birgit«, sondern als »Die Reiterin« erlebte sie sich darin. Sie reitet einige Dinge, die ihr nicht gefallen, jauchzend »über den Haufen«, gibt Kommandos und setzt sich durch, auch ihren halbwüchsigen Kindern gegenüber. Als sie zu Pferd ins Schlafzimmer prescht, räumt sie in dieser Phantasie mit einer halbherzigen Sexualität auf, in der sie viele Dinge »mitmacht« und über sich »ergehen lässt«.

Diese Phantasiereise öffnet Birgits Vorstellungskraft, wodurch sie dort entdeckte Fähigkeiten in alltägliche Lebensbereiche überträgt. Damit vollbringt sie Heldentaten. Weder ihr Mann noch ihre Kinder kannten diese andere Birgit, diese Heldin, die aus den Träumen in den Alltag geritten kommt und dort Klartext redet und klar handelt.

Die Visionsschwelle

Der Bewusstseinszustand Zukunft zeigt dem Träumer eine faszinierende Welt, weckt seine Leidenschaft und hebt ihn durch faszinierende Bilder und verlockende Versprechungen über eine innere Grenze hinweg, an der er im konkreten Leben allzu oft hängen bleibt: über die Schwelle der Vision. Diese Visionsschwelle ist eine Begrenzung der Vorstellungskraft, ein Hindernis, das von der Realisierung von Zukunftsvorstellungen abhält und den Menschen in einer bestimmten Realität und Identität festhält.

Als ich mein erstes Buch schreiben wollte (Mary), schilderte ein Kollege mir seine Sicht der Dinge. »Stell dir nur mal vor, wie viele Manuskripte ein Verlag bekommt. Sicher sind es Hunderte pro Jahr. Die meisten werden gar nicht gelesen, und wenn, dann werden Bücher bekannter Autoren verlegt. Ich glaube nicht, dass ein Verlag dein Buch nimmt.«

Dieser Mann war weder dem Buch noch mir gegenüber negativ eingestellt. Er konnte sich lediglich nicht vorstellen, dass das erste Buch eines unbekannten Autors vom ersten Verlag genommen würde. Das bedeutete wiederum nicht, dass er über keine Vorstellungskraft verfügte. Schließlich konnte er sich sehr genau vorstellen, dass das Buch abgelehnt würde, und in dieser Vorstellung spiegelten sich wahrscheinlich persönliche Erfahrungen und ein Kontext von »Aussichtslosigkeit« wider. Hätte ich vor der gleichen Visionsschwelle gestanden, ich hätte das Manuskript nicht abgeschickt beziehungsweise das Buch gar nicht geschrieben. Was geschah? Zwei Verlage wollten das Buch. Inzwischen hat sich das Schreiben zu einem zweiten Beruf entwickelt.

Aus den Ratschlägen meines Freundes sprach die Stimme eines Dämons, der Angst davor hatte, die Grenze seiner Identifikation zu überschreiten. Dämonen wollen in der Enge verharren, weil diese zumindest sicher und vertraut ist. Sie türmen beschwörend die Visionsschwelle auf, indem sie äußern: »Das gibt es nicht, so etwas kann ich mir nicht vorstellen.« Dabei ist dieser Satz in sich absurd, denn indem jemand beispielsweise sagt: »Ich kann mir nicht vorstellen, alleine durch den Dschungel zu wandern«, hat er diese Vorstellung schon durchlaufen, allerdings hat sie ihn negativ berührt. Er stellte sich vor, sich in der Wildnis zu verirren, von Moskitos verfolgt, von Schlangen gebissen zu werden, zu hungern etc.

Solche Vorstellungen sind dunkle Träume, die von Ängsten und Befürchtungen genährt werden. Um etwas Neues in das Leben zu bringen, bedarf es jedoch heller Träume und der Verwegenheit, sich das bisher Unvorstellbare vorzustellen. Diese Eintrittskarte für eine Zukunft, die nicht bloß Reproduktion der Vergangenheit ist, bekommt, wer folgender Aussage zustimmen und sich entsprechend verhalten kann:

Neues kann im Leben erst geschehen, wenn man es sich vorstellen kann.

Menschen brauchen Visionen, um aus anfänglichen Ideen spätere Realität entstehen zu lassen. Zu Beginn ist jede neue Vorstellung nur ein Traum, an dem nichts Reales haftet, eben eine Phantasie. Aber diese Phantasie kann unter Umständen Wirklichkeit werden. Zwar muss sie sich nicht zwangsläufig erfüllen, nur weil sie erträumt wird, aber ohne zuvor geträumt zu werden, kann sie sich auf keinen Fall realisieren.

Die Visionsschwelle ist gewissermaßen auch Handlungsschwelle, denn solange man sich ein Ziel nicht vorstellen kann, wird man keinen Schritt in diese Richtung tun und schon deshalb niemals dort ankommen. Wenn ein Traum jedoch stark genug ist, wird die Handlungsschwelle passierbar und man geht auf seine Ziele zu. Das sind Augenblicke, in denen Helden geboren werden.

Helden und Dämonen

Wir haben Kinder und Erwachsene als Symbolgestalten des Vergangenheitserlebens eingeführt. Auch das Zukunftserleben hat in Held und Dämon solche Symbolfiguren, die helfen, die Vorgänge des Bewusstseinszustandes Zukunft zu verstehen und sie zu nutzen.

Wir alle kennen Helden aus Märchen, Mythen und aus dem allabendlichen Fernsehprogramm. Diese Helden brechen aus einem Alltag aus, in dem ein bestimmtes Bedürfnis unbefriedigt bleibt. Sie ziehen in die Ferne, erleben Abenteuer, reifen und verändern sich und kehren schließlich als neuer Mensch in ihr Königreich zurück. Sie suchen Gold,

Macht, Weisheit oder Liebe. An diesen Zielen hat sich nichts geändert. Auch der moderne Mensch sucht erfüllte Beziehungen, Reichtum, Erkenntnis oder Glück.

Helden symbolisieren die Sehnsucht der Menschen nach Erweiterung und Bereicherung des Lebens. Sie suchen etwas und kämpfen für etwas, was dem Einzelnen fehlt, sind also Symbolfiguren seiner Lebenslust und seines Bedürfnisses nach Erweiterung. Sie brechen aus dem Gewohnten auf und überschreiten die Grenzen der alten Identität, nehmen eine neue Identität ein und handeln entsprechend dieser Orientierung.

Doch genügt es nicht, irgendetwas Mutiges oder Tolles zu tun. Bei Heldentaten kommt es vielmehr auf die Qualität der Taten an. Sie müssen die individuelle Entwicklung des Betreffenden fördern, denn:

In unseren Taten verwirklicht sich die Kraft des Lebens, oder sie wird darin gebrochen.[7]

Dieser Satz, so simpel er beim ersten Lesen erscheinen mag, kann, wird er in seiner ganzen Bedeutung begriffen, ein Leben verändern. Nach der Definition Campbells gibt es zwei unterschiedliche Konsequenzen, zu denen Handlungen führen können. Zum einen können Menschen handelnd zur Entfaltung ihrer Lebenskraft beitragen, zum anderen können sie handelnd die gleiche Lebenskraft zerstören.

Der Held baut Lebenskraft auf, der Dämon, der Gegenspieler des Helden, zerstört sie. Heldentaten sind Handlun-

---

7 Joseph Campbell with Bill Moyers, *The Power of Myth*, New York 1988

gen, welche der Selbstentfaltung des Menschen dienen, während Dämonentaten lediglich der Anpassung dienen. Hier treffen wir auf unsere bekannten Begriffe der Lust und der Angst. Denn Helden sind von Lust, Dämonen von Angst motiviert.

Eine Heldentat kann es beispielsweise sein, dem Partner die Wahrheit zu sagen, wenn man bisher aus Angst geschwiegen oder ihn belogen hat. Lügen wäre dann die Tat des Dämons. Diese Tat wirkt sich nicht erst negativ aus, wenn eines Tages das Lügengebäude zusammenfällt. Schon die Lüge an sich kann einen Schatten auf die Liebe legen und damit Lebenskraft binden.

Heldentaten sind also nicht durch die Art der Handlungen definiert, sondern durch die Bedeutung, welche diese Handlungen in Bezug auf die Identität eines Menschen haben. In der Heldentat muss die Enge der Normalität verlassen werden. Beispielsweise wäre es für einen gewohnheitsmäßigen Schläger eine Heldentat, einen Gegner nicht zu verprügeln, sondern Frieden zu schließen. Für einen Menschen aber, der sich bisher herumstoßen ließ, kann es eine Heldentat sein, sich zu wehren und vielleicht sogar einmal zuzuschlagen.

Man kann ein Geschäft aus Lust oder aus Angst eröffnen. Aus der Lust am Verkaufen und am menschlichen Kontakt oder aus der Angst, mit einer anderen Arbeit nicht genug zu verdienen. Tut man es aus Lust, dann erlebt man Erfüllung durch diese Arbeit und die Kontakte, die sie mit sich bringt. Betreibt man das gleiche Geschäft jedoch aus Angst, wird man sich mit dieser Tätigkeit unwohl fühlen, durch die sich ergebenden Beziehungen genervt und frustriert werden. Auf diese Weise wird die innere Kraft und Lebensfreude gebrochen, selbst wenn man viel Geld verdient.

Soll ich ein Unternehmen gründen oder als Angestellter arbeiten? Soll ich jetzt eine Familie gründen oder später? Soll ich eine Weltreise machen oder ein Haus bauen? Wird das mich (meine Lebenskraft) erfüllen oder zerstören? Diese Fragen sind im Grunde falsch gestellt. Folgt man der Definition Campbells, darf die Frage nicht lauten: »Was soll ICH tun«, sondern: WER tut was?! Wozu entscheidet sich der Held, und wozu ruft der Dämon auf?

Was immer sie konkret bedeutet, in jedem Falle besteht eine Heldentat in etwas, was man bisher aus Angst nicht zu tun wagte und doch am liebsten täte.

Ingeborg, eine von ihrer Ehe enttäuschte Ehefrau, hat vom Ehedrama »die Nase voll«. Sie entwickelt eine Heldengestalt, der sie den Namen »Leichtigkeit« gibt. Anstatt ihre Kraft weiterhin in anstrengenden und sinnlosen Versuchen zu verschwenden, ihren Mann zu ändern, hebt sie eine größere Summe von ihrem Konto ab und gibt das Geld »nur für mich« aus. Davon, sich »etwas zu gönnen«, hatte sie zwar lange geträumt, es aber bisher nicht gewagt. Diese Heldentat unterstützt sie in der LUST auf Unabhängigkeit und dem Entschluss, »es mir gut gehen zu lassen und aus meinem Leben etwas zu machen, notfalls auch unabhängig von meinem Mann«.

Helden folgen handelnd der individuellen Wahrheit. Nicht immer erreichen sie dabei ihr konkretes äußeres Ziel, nicht immer finden sie Gold oder den Stein der Weisen. Doch was immer die konkreten Ergebnisse einer Heldentat sind, ob der Held sein Ziel in der Außenwelt erreicht oder nicht, Heldentaten werden in jedem Fall belohnt: durch die Erfahrung, das zu sein, was man ist, und dafür einzustehen. Durch die Erfahrung »man selbst« zu sein.

Einfach allerdings sind echte Heldentaten nicht. Denn sobald Helden ihren Visionen entsprechend handeln, tauchen Dämonen als ihre Gegenspieler auf und versperren ihnen den Weg. Diese Gestalten, die zutreffend auch Hüter der Schwelle (der Identifikationsschwelle) genannt werden, sind Symbolfiguren der Angst vor Veränderung und der Tendenz, am Gewohnten, scheinbar Sicheren, festzuhalten. Diese Dämonen reden den Menschen ein, »besser bescheiden zu bleiben«, »kein Risiko einzugehen«, »so etwas tut man nicht«, »sei vernünftig«, »dafür bist du zu alt«, »pass dich lieber an« usw.

Lässt man sich vorwiegend von solchen Ängsten leiten, bricht die Lebenskraft und man muss die Konsequenzen in Form von Langeweile, Unzufriedenheit, Zwietracht oder gar Krankheit tragen. Wer von seinem Dämon beherrscht wird, handelt gegen sich selbst, indem er Veränderung verhindert. Dämonen brechen die Lebenskraft jedoch nicht absichtlich. Auch sie sind Teile des Selbst und wollen im Grunde etwas Gutes für den Menschen tun, wie ein Beispiel zeigt:

Gertrud, eine 28-jährige Frau, gibt ihrem Dämon die Gestalt eines stacheligen Kaktus. So wird sie auch von ihren Freunden beschrieben: kratzbürstig, stichelnd und verletzend. Natürlich mag Gertrud diese Seite von sich nicht, denn der Kaktus beschert ihr Isolation. Die Menschen fürchten seine Stacheln und ziehen sich davor zurück. Als Gertrud den Kaktus darstellt, erkennt sie jedoch die positive Fähigkeit dieses ungeliebten Teiles: Er kann mir »Leute vom Leibe halten«, indem er zusticht und auf diese Weise »nein« sagt.

Genau das, offen und ungezwungen nein zu sagen, fällt Gertrud in ihrem Alltag überaus schwer. Sobald jemand mit einem Wunsch oder Anspruch auf sie zukommt, gerät sie unter Druck und fühlt sich dem anderen verpflichtet. Nun befindet sie sich in einem Abgrenzungskonflikt. Sie fühlt sich verpflichtet, für jeden und alles offen zu sein, und kann »Menschen nicht wegschicken, die mir auf die Nerven gehen«. Bewusst kann sie nicht nein sagen, also muss das Unbewusste in Gestalt des Kaktus diese Arbeit tun. Ihr Dämon ist im Grunde genommen ein Freund mit positiver Absicht. Er tut etwas für Gertrud, wenn auch die Art und Weise, in der er es tut, ihr zugleich schadet und sie isoliert.

Dieser Dämon wird arbeitslos, wenn Gertrud Wege findet, nein zu sagen, ohne ein schlechtes Gewissen zu haben und ohne andere Menschen zu verletzen. Solche Wege kann ihr die Heldin zeigen, die sie als »das aufrechte und tanzende Leben« beschreibt und der sie die Gestalt einer spanischen Tänzerin gibt. Diese Heldin kann »selbstbewusst Dinge tun und offen und freundlich nein sagen«. In dieser Heldin zeigt sich Gertruds LUST.

Dämonen verfolgen immer positive Absichten, sie verteidigen das Königreich der Identifikationen, aber sie bewirken damit viele unerwünschte Ergebnisse. Elisabeth, eine 65-jährige Klientin, erkennt, dass sie zeitlebens eine Kämpferin gewesen ist. Sie kämpfte gegen jeden und alles aus Angst, unterzugehen, denn sie unterstellte den meisten Menschen schlechte Absichten und brachte ihnen Misstrauen entgegen. »Ich habe mich immer von Menschen in Ketten gelegt gefühlt, die um meine Arme liegen, und ich habe mein Leben lang die Ellenbogen dagegengestemmt und versucht, diese Ketten zu sprengen«.

Elisabeths Kämpfen entstand aus der Angst vor Unterdrückung. Der Dämon, dem sie die Gestalt eines Rebellen gibt, versucht zwar, sie vor Unterdrückung zu schützen, macht Elisabeth aber zugleich für viele Menschen bedrohlich. Eine bessere Handlungsalternative kann ihr die Heldin bieten: »Dabei brauche ich nur auszuatmen, und die Ketten fallen herunter. Ich habe angefangen, mich aufzublasen, als mir die Ketten in der Kindheit angelegt wurden. Später habe ich vergessen, auszuatmen.« LUST und Heldentat dieser Frau entspricht es, zu entspannen und zu realisieren, dass die meisten Menschen sie nicht bedrohen, sondern mögen, und Vertrauen zu diesen Menschen zu entwickeln und auf sie zuzugehen.

Viele Menschen bleiben aus Angst in Situationen, die ihnen nicht mehr entsprechen. Sie hören auf die Einschüchterungen des Dämons: Bleib bei dieser Arbeit, die ist besser als keine; bleib bei diesem Partner, wer weiß, ob du noch mal einen anderen findest; wehr dich nicht, du ziehst doch den Kürzeren; lass die Finger von der Liebe, du wirst doch nur enttäuscht werden. X

Folgt man dem Dämon, bewegt man sich in den Denk- und Handlungsstrukturen der Vergangenheit und bleibt vor inneren Schwellen stehen. Heldentaten helfen über diese Schwelle hinweg. Sie befähigen, die Lebenskraft trotz Angst und Hemmung für die Erfüllung von Träumen und Zielen einzusetzen. Anstatt ihre Kräfte beim Aushalten in unbefriedigenden Situationen zu verbrauchen, nehmen Helden ihren Mut zusammen, um der Angst zu begegnen und einen Schritt über die Schwelle zu tun, einen Schritt in Richtung auf die gesuchte Zukunft.

Die Symbolgestalten Held und Dämon haben einen Bezug zum Inneren Kind und zum Inneren Erwachsenen. Sie entstehen, wenn sich Gefühls- und Verstandeskräfte miteinander verbinden. Wenn sich eine emotionale Sehnsucht mit einem dazu positiv eingestellten Verstand verbindet, beginnt der Mensch, kreativ zu werden. In diesem Fall verbinden sich das Helle Kind und der Helle Erwachsene und es entsteht die Kraft der Konstruktivität und als deren Ausdruck die Heldengestalt. Verbinden sich hingegen Dunkles Kind und Dunkler Erwachsener, entsteht die Kraft der Destruktivität, der Dämon, in dem emotionale Ängste und rationale Befürchtungen einen Pakt schließen.

Held und Dämon symbolisieren die kreativen Kräfte des Menschen, seine Fähigkeit, aufzubauen oder zu zerstören. Sie führen einen ständigen Kampf in seinem Inneren, einen Kampf *für* und *gegen* Veränderung.

Ein Großteil der kreativen Kraft der Menschheit hat sich aus Angst seit jeher in Kriegen und Zerstörungstechnik entfaltet. Wäre dieser immense Erfindungsreichtum in helle Träume geflossen, diese Erde müsste einem Paradies gleichen. Wir können die immense atomare Aufrüstung der letzten Jahrzehnte ohne weiteres als Folge der Handlungen eines gesellschaftlichen Dämons werten, nämlich der Angst vor Vernichtung. Gerade dadurch aber wurde die Gefahr atomarer Kriege heraufbeschworen, an denen die Menschheit, wie inzwischen bekannt ist, mehr als einmal knapp vorbei gekommen ist. Eine echte Heldentat der reichen Welt könnte es sein, ihren Reichtum mit der armen Welt zu teilen, und damit dem ausufernden Terror den Boden zu entziehen. Dafür müssten wir jedoch den Dämon der Angst überwinden, der uns einredet, wir brauchten materielle Dinge mehr als Liebe und Verbundenheit, und uns von der Wahnvorstellung befreien, wir könnten die Welt materiell und militärisch beherrschen.

Der Magier

In den Menschen, zwischen den Menschen und zwischen den Nationen tobt der Kampf von Helden und Dämonen. Beide versuchen, diesen Kampf zu gewinnen. Doch das kann nicht gelingen, denn beide sind gleich stark, weil sie ihre Kräfte aus der gleichen Quelle, der Kreativität, beziehen. Es wäre auch nicht wünschenswert, wenn der Held die Angst nicht nur überwinden, sondern völlig besiegen und auslöschen könnte. Angst hat nämlich eine Funktion.

Der Dämon »Schüchternheit« beispielsweise kann jemanden permanent zurückhalten und ihm dadurch viele Nachteile bescheren. Trotzdem handelt es sich auch bei Schüchternheit um eine Fähigkeit, die Fähigkeit nämlich, sich zurückzuhalten. Diese Fähigkeit zu haben kann unter bestimmten Umständen wünschenswert sein und sich als wertvoll erweisen. Wäre man in der Lage, den Dämon »Schüchternheit« zu vernichten, verlöre man auch die Fähigkeit der Zurückhaltung, und das könnte dann an anderer Stelle Schwierigkeiten bereiten.

Will der Held in das Land der Zukunft gelangen, muss er dem Dämon begegnen und wohl oder übel »vom Blute des Dämonen schmecken«.[8] Da er den Hüter der Schwelle nicht vernichten kann, muss der Held sich dessen Kräfte und Eigenschaften einverleiben. Das geschieht, indem er die positiven Eigenschaften und Absichten des Dämons erkennt, würdigt und andere, bessere Wege findet, diese zu verwirklichen.

Held und Dämon sind gleich stark. Das bedeutet, dass niemand mächtiger als seine Angst ist. Also muss er seine Angst berücksichtigen, sonst kommt er nicht weiter, denn ohne dieses Zugeständnis spielt der Dämon nicht mit. Nur wenn seine positive Absicht berücksichtigt wird, stellt er seine Kraft den Zielen des Helden zur Verfügung. Auf diese Kraft ist der Held angewiesen, wenn seine Träume nicht bloß heiße Luft bleiben sollen.

Durch die Auseinandersetzung von Lust und Angst, von Held und Dämon und die transformierende Versöhnung dieser Kräfte entsteht eine neue Gestalt – der Magier. Er ist weder Held noch Dämon und dadurch weder auf das eine noch das andere Verhalten festgelegt. Der Magier hat Bewusstheit über und Verantwortung für seine Handlungen, denn er trifft eine Wahl zwischen Angst oder Lust. Der Magier weiß, was er tut und wozu er es tut, und kann deshalb dem Leben Sinn und Richtung geben.

---

8 Joseph Campbell with Bill Moyers, *The Power of Myth*, New York 1988

Um an das oben angeführte Beispiel der Schüchternheit anzuknüpfen, könnte man sagen: Es ist schlecht, sich zurückhalten zu müssen und sich damit in den Händen eines Dämons zu befinden, aber es ist gut, sich zurückhalten zu können. Es wäre schlecht, spontan sein zu müssen, aber es ist gut, spontan sein zu können. Der Magier aber ist weder zu dem einen noch dem anderen Verhalten gezwungen. Er entscheidet aufgrund einer konkreten Lebenssituation. Er hat die Fähigkeit, etwas zu sagen oder zu schweigen aus seinem Entschluss. Denn nicht immer ist es gut, Heldentaten zu vollbringen. Manchmal kann es durchaus besser sein, einer Angst zu folgen. Wenn man beispielsweise bedroht wird und dieser Bedrohung aus Angst ausweicht, kann das sehr sinnvoll sein.

Der Magier kann entscheiden. Diese Wahl stellt etwas Neues und damit eine Kontexterweiterung dar. Wer seinen Heldenvisionen treu bleibt und die Auseinandersetzung mit seiner Angst führt, schafft einen neuen Kontext in seinem Leben. Er macht Schritte von »Zurückgezogenheit« zu »Offenheit«, von »Wertlosigkeit« zu »Selbstbewusstheit«, von »Verlogenheit« zu »Ehrlichkeit«. Er stirbt den kleinen Tod der Angst, um ein Königreich zu gewinnen.

Wie beim Umgang mit Innerem Kind und Innerem Erwachsenen geht es auch beim Umgang mit Held und Dämon um Kontexterweiterung, jedoch bleiben die Vorgänge der Kindheit dabei im Hintergrund. Tatsächlich kann man neue Lebenshaltungen aufbauen, ohne sich mit den Ereignissen der Kindheit auseinander zu setzen. Man kann es hier und heute machen, in den wichtigen Bereichen seines Lebens. Arbeit und Beruf, menschliche Beziehungen und Partnerschaften, Politik, Kultur und Gesellschaft sind Bereiche, die mit der Kraft der Kreativität gestaltet und verändert werden können. Die hier und da noch bestehende Auffassung, man müsse auf jeden Fall die Vergangenheit aufarbeiten, um im Leben weiterzukommen, trifft in ihrer Pauschalität nicht zu. Vergangenheit will bearbeitet werden, wenn dieser Zustand in das Leben eingreift, indem er vom Bewusstsein Besitz ergreift. Doch in bestimmten Lebensphasen kann es schaden, sich mit ihr zu befassen, weil das von notwendigen Handlungen abhalten kann.

Es gibt eine richtige Zeit für alles. Oft müssen Menschen ein bestimmtes Alter erreichen, bevor die Aufarbeitung der Vergangenheit ihr Leben bereichern und erweitern kann. In den Jahren davor geht es für viele vielleicht darum, Held/Heldin zu sein, mutig zu handeln, Ziele zu erreichen und neue Erfahrungen zu suchen. Wenn jemand dann bemerkt, dass er bestimmte Fehler immer wieder begeht, dem Dämon Angst erliegt und wieder in bestimmte Sackgassen gerät, wird die Aufarbeitung der Vergangenheit sinnvoll und spannend sein.

Man sollte mit Bewusstseinszuständen nie mechanisch umgehen, sondern ihnen folgen, wie sie im Alltag auftauchen. Die eigenen Probleme zeigen stets Wege und Richtung einer nötigen Veränderung. Es ist besser, dem zu vertrauen und zu folgen. Die Träume im Bewusstseinszustand Zukunft bieten hervorragende Möglichkeiten dazu.

Zusammenfassung

Ziel des Umgangs mit der Zukunft ist es, die kreativen Kräfte des Menschen zur Erfüllung seiner Individualität zu nutzen. Diese Möglichkeit ergibt sich, indem Visionen und im Extremfall Besessenheit auf ihre Veränderungsabsicht für die Gegenwart hin erforscht werden. Die Symbolfiguren des Bewusstseinszustandes Zukunft sind »Held« und »Dämon«, die den Kampf für und gegen Veränderung fechten. In der Verbindung dieser Kräfte entsteht die Gestalt des Magiers, der Symbol einer neuen Fähigkeit und damit einer veränderten Lebenshaltung ist.

Die Gegenwart sinnlich/energetischer Phänomene

Halten sich Menschen weder in Erinnerungen noch in Zukunftsvorstellungen auf, befinden sie sich im Bewusstseinszustand Gegenwart. Wir bezeichnen diesen Zustand auch als Energiezustand, weil seine Inhalte als sinnlich-energetische Phänomene des Augenblicks auftauchen. Solche visuellen, körperlichen oder emotionalen Vorgänge eröffnen, folgt man der in ihnen verborgenen LUST, manchmal unerwartet Zugang zu verschütteten Fähigkeiten.

Astrid ist eine junge Frau, die unter Atembeklemmungen leidet. Sie beschreibt die Körperempfindung so: »Als ob mich jemand einschnüren will und ich ersticken muss.« Diese Anfälle von Atemnot sind von Angst begleitet. In den Sitzungen nähern wir uns langsam dieser Angst, indem wir Astrid (mit ihrer Erlaubnis) körperlich beengen. Nachdem sie eine Phase anfänglicher Panik durchlebt, fängt Astrid an, den Begleiter wegzudrücken und abzuschütteln, wobei sie mit großer Lust wütet und flucht, um sich tritt und boxt. Sie verschafft sich Raum und macht sich »Luft«. Zugleich mit dieser Wut tauchen Menschen auf, von denen sie sich bedrängt fühlt, und sie beginnt, auf ihren Mann und die Familie zu schimpfen. Wir tauschen die Rollen, und Astrid versucht nun, den Begleiter einzuengen und einzuschnüren. Diese Form der »Gemeinheit« bereitet ihr Spaß. Sie entdeckt eine aggressive Seite an sich und gibt ihr den Namen »Ich will«. In dieser aggressiven Seite entdeckt sie die LUST, selbst anzugreifen. Indem sie diesen Impulsen folgt, macht sie einen Schritt aus der Haltung der »Zurückgehaltenheit« in eine der »Offensivität«.

Nach einigen Wochen wiederkehrender körperlicher und emotionaler Befreiungen lassen ihre Atemnotanfälle nach. Wenige Monate später sind sie verschwunden, unter anderem auch, weil Astrid sich nicht nur in den Sitzungen, sondern auch im Alltag mehr Raum und Respekt verschafft. In ihrem Leben war bisher vorwiegend die angepasste Seite zum Zuge gekommen, während die rebellische Seite außerhalb ihres Bewusstseins lag. Dieses aggressive Potenzial setzte sich auf der Körperebene gegen die angepasste Seite durch. Die Energie der aggressiven Seite schnürte die brave Seite Astrids ein. Daher stammten die Atembeklemmungen. Als sie die Lust, sich nicht nur zu wehren, sondern selbst anzugreifen, entdeckte und aufgriff, verschwanden die körperlichen Phänomene der Enge, und ihr Gegenwartserleben normalisierte sich.

Einen vergleichbaren Verlauf nehmen die Sitzungen der 52-jährigen Gabi, bei der zwei Energiephänomene auftauchen. Sie leidet unter Schluckbeschwerden und einem sporadischen Pfeifen im Ohr. Ihr Körper verweigert sich manchmal ganz unerwartet dem Versuch, etwas zu schlucken. Der spontane Impuls, ihre Lust, besteht in solchen Momenten darin, auszuspucken oder sich zu erbrechen. Es fällt ihr nicht leicht, auf diese Impulse einzugehen. Als sie es dann tut, kommt der Widerwillen gegen ihre Lebenshaltung heraus. Sie erkennt sich als jemand, der »brav ja und amen sagt«,

»alles schluckt, ob es schmeckt oder nicht« und dann so ein »komisches Gefühl im Bauch bekommt«.

Im Laufe der Sitzungen bezeichnet Gabi den Pfeifton im Ohr als einen Teil von ihr, der etwas sagen möchte, dem aber niemand zuhört. Als sie diesen Teil darstellt und den Ton selbst macht, sagt sie den Satz: »Da will was raus.« Der Pfeifton und das Gefühl im Bauch verbinden sich, und es entsteht das Bild eines eingesperrten Tigers, der »schier wahnsinnig« und »verrückt werden«, der »ausbrechen« will. Dieser Tiger ist ein Symbol ihrer Lebendigkeit und ihrer Bedürfnisse. Er faucht und kratzt, will »Fleisch«, »Freiheit« und »Zärtlichkeit«. Gabi lässt sich auf das Bild ein und wird für einige Minuten zum »rasenden Tier«.

Da der Tiger, ein wilder und unangepasster Teil, in Gabis Leben zu kurz kommt, wendet er seine Energie gegen ihre Kontrolle. Er hindert sie daran, weiterhin »brav zu schlucken«, und verschafft sich durch den Pfeifton Aufmerksamkeit. Schließlich bricht er in der Sitzung aus ihrem Bauch aus. Es wird noch einige Zeit dauern, bis Gabi den Tiger in ihren Alltag integriert hat. Aber sie hat den Faden aufgenommen und ihren Veränderungsprozess begonnen. Ihr Beispiel zeigt, wie energetische Phänomene zwischen Wahrnehmungsebenen wechseln können und wie schließlich im Bild des Tigers eine Heldengestalt entsteht, an der sich Gabi orientieren kann.

Rudolf, ein junger Mann im Alter von 28 Jahren, wird von Lichtern und Schatten verfolgt, die zuweilen die Form von Geistern annehmen. In einem abendlichen Panikanfall hält er seine Freundin für einen solchen Geist und flüchtet vor ihr in eine Zimmerecke. In der am nächsten Tag folgenden Sitzung ist er jedoch gut ansprechbar. Wir schlagen ihm vor, gemeinsam mit uns den Geistern und Energieerscheinungen zu begegnen. Als wir ihn fest an der Hand halten, lässt er sich auf dieses Wagnis ein. Es folgt eines jener seltenen Erlebnisse, in dem ein Klient durch eine einzige Sitzung von ängstigenden Erscheinungen befreit wird.

Rudolf wagt sich näher an die Licht- und Geistwesen heran. Schließlich erkennt er Einzelheiten und ist überrascht, Gesichtszüge seiner Verwandten zu entdecken. Nach und nach taucht seine gesamte Familie auf. Aus Fratzen werden Tanten und Onkel, die ihn mit Moral und Vorschriften bedrängen. Szenen und Erinnerungen aus der Kindheit tauchen auf. Dann erinnert sich Rudolf, wie er von einem Onkel sexuell bedrängt wurde.

Auch dieses Beispiel zeigt den Wechsel innerhalb von Wahrnehmungsebenen und Bewusstseinszuständen. Aus den Energiephänomenen »Lichter und Schatten« ist die Vergangenheit aufgetaucht, und Rudolf wird der kleine Junge, der sich beschmutzt und gedemütigt fühlt. Seiner Lust, seinen spontanen Impulsen in dieser Erinnerung entspricht es, »durchzudrehen« und den Mann »umzubringen«. Rudolf zerfetzt ein Kissen, spuckt und speit auf seinen Onkel und auf die Verwandten, »deren Küsse nach Kotze schmecken«. Er entdeckt in dieser Sitzung eine Aggression, »wie ich sie nicht für möglich gehalten hätte«. Im Bewusstsein dieser enormen Kraft und im Licht der jetzt klaren Erinnerungen lösen sich die bedrohlichen Energiephänomene auf.

Was ein Mensch verdrängt, bleibt. Taucht es in verwandelter Form, als Körpersymptom, als Bild, Gefühl oder energetische Erscheinung auf, scheint es nicht zu ihm zu gehören. Es wirkt auf sein Bewusstsein, als ob es von außen kommt. Rückt es dann ins Bewusstsein, kann das mitunter zu tiefen Identitätskrisen führen.

So ergeht es einem Mann, der 47 Jahre lang ein ganz normales Leben geführt hat. Er lebt mit Frau und Kindern in geordneten Verhältnissen und sieht sich als glücklichen und zufriedenen Menschen an. Eines Tages passiert etwas für ihn schier Unvorstellbares: Er verliebt sich in einen Arbeitskollegen. In dessen Nähe bekommt er Herzklopfen, und Liebesgefühle durchfluten ihn. Es ist nachvollziehbar, wie sehr sein Selbstbild und die Identifikation mit seinem bisherigen Leben ins Wanken geraten. Er schien glücklich und zufrieden, doch dann störte ein unbewusster Teil das empfindliche Gleichgewicht und brachte alles durcheinander. Vielleicht war das Leben dieses Mannes zu vernünftig und glatt verlaufen, und es war an der Zeit, eine neue Ordnung zu schaffen; und dafür musste die alte Ordnung auch gegen den bewussten Willen zerstört werden.

Energiephänomene müssen jedoch nicht unbedingt in Krisen führen. Sie können auch lustvoll erlebt werden. Britta, eine 34-jährige Frau, wird von unregelmäßig auftretenden Zitteranfällen verunsichert. Dieses Zittern taucht in Armen und Beinen auf und versucht, sich auf den ganzen Körper auszudehnen. Britta beschreibt es als ein Beben, das sie zugleich fasziniert und erschreckt. In einer Sitzung gelingt es ihr, den Impulsen des Zitterns nachzugeben und sie geschehen zu lassen. Sie beginnt Spaß an den unwillkürlichen Zuckungen zu entwickeln, daran, »wie es mich packt und schüttelt«. Sie ruft: »Es will passieren« und entdeckt den Impuls »zu explodieren«, was sie dann auch tut. Nach einigen

Explosionen, die aus heftigen Zuckungen und lauten Geräuschen bestehen, lacht sie befreit und entspannt sich. Später sagt sie, die Faszination des Erlebnisses liege darin, »loszulassen« und »den Kopf zu verlieren«. Brittas LUST führt sie zu einer Fähigkeit, die ansonsten in ihrem Leben zu kurz kommt: der Fähigkeit, sich unkontrolliert körperlich-sinnlichem Erleben hinzugeben. Im Zittern ihres Körpers setzt sich unbändige, sinnlich-sexuelle Lebenskraft durch, deren Qualität im Loslassen und der Aufgabe von Kontrolle liegt.

Die Beispiele zeigen, wie sich nicht wahrgenommene Seiten des Selbst äußern und durchsetzen, indem sie unkontrollierbare Zustände verursachen. Solche energetischen Zustände unterscheiden sich von den Bewusstseinszuständen Vergangenheit und Zukunft durch ihren Gegenwartscharakter. Energiezustände lassen direktes, körperlich-sinnliches Erleben entstehen. Auch wenn diese Sinnlichkeit mit ihren unkontrollierbaren Zuständen bedrohlich erscheinen mag, macht es meist Sinn, sich ihr zuzuwenden und sie zu erforschen.

Sucht

Die Aufgabe, den Menschen gegenwärtig mit bestimmten Lebensqualitäten zu verbinden, erfüllen auch Sucht- und Rauschzustände. Wer einer Sucht erliegt, findet etwas. Sucht tut etwas für ihn, was er anders zu tun nicht in der Lage ist.

Wir erinnern uns an einen Mann, der für einige Monate spielsüchtig war. Er hatte eine neue Arbeit angenommen und kam in Konflikt mit der Hierarchie, hielt sich aber zurück, um den Arbeitsplatz nicht zu gefährden. In der Arbeit fühlte er sich als Verlierer, am Spieltisch wollte er Gewinner sein. Das Thema auf beiden Feldern war Macht. In der Arbeitssituation tauchte es als Ohnmacht auf, in der Spielsituation als Versuch, Macht zu gewinnen. Spielend war er mächtig, und er war es »jetzt«. Als der Mann schließlich im Arbeitsfeld aus dem Kontext »Machtlosigkeit« heraustrat und seine Konflikte anpackte, was seiner Lust entsprach, sich mächtig zu fühlen, fand er sein Selbstvertrauen wieder, und es gelang ihm, auf das Spielen zu verzichten.

In einer Talkshow schilderte kürzlich eine Frau ihre Erfahrungen mit einer Spielsucht folgendermaßen: »Ich wurde von meinem Mann verlassen und fing zu spielen an. Wenn es damals keine Spielhäuser gegeben hätte, wäre ich heute nicht mehr am Leben.« Vielleicht hätte sich diese Frau wirklich das Leben genommen, wäre es ihr nicht möglich gewesen, sich spielend schmerzfrei zu erleben.

In einer Sucht wird der Inhalt des Bewusstseins durch das Suchtverhalten oder eine Droge ausgetauscht. Schmerzliche Gefühle verschwinden daraus, und es bleibt nur der chemisch oder psychisch/hormonell veränderte Augenblick. Eine Sucht ist also nicht unbedingt negativ. Neben ihren unerwünschten Begleiterscheinungen verschafft sie ein Erleben, das derjenige sich momentan nicht anders beschaffen kann. Insofern gibt eine Sucht klare Hinweise auf die LUST des Menschen.

Ein viel beschäftigter Manager klagt über Fernsehsucht. Was tut der Zustand »Fernsehen« für ihn? Er findet dort Ruhe und Entspannung. Es stellt sich heraus, dass Fernsehen fast die einzige Möglichkeit für ihn ist, seiner Lust, »nichts«

zu tun, zu folgen. Schaltet er das Fernsehgerät aus, fängt er sofort zu arbeiten an. Seine Fernsehsucht reduziert sich erheblich, als er, unter anderem durch Meditation, alternative Möglichkeiten findet, nichts zu tun, und sich anderen Bedürfnissen als der Arbeit zuwendet.

Lernen, für eine Weile einmal »nichts« zu tun, ist für Menschen der westlichen Welt eine große Herausforderung. Unsere Identifikation liegt im Tun, Machen, Werden, und wir geraten in Konflikte, wenn wir lassen, genießen, sind. Deshalb gelingt es vielen Menschen nur durch eine Sucht, solche Zustände der Gelassenheit zu erreichen. Vielleicht erklärt dies teilweise den übermäßigen Genuss von Alkohol, Nikotin und verwandten Drogen. Alkohol soll Gefühle nahe bringen, Kokain soll Lebendigkeit verschaffen, Rauchen Entspannung bescheren.

Natürlich wäre es wünschenswert, bessere Wege zu Entspannung und Emotionalität zu finden, als eine Sucht sie bietet. Doch nicht immer sind Menschen in der Lage, das zu leisten, und nicht immer ist jemand in der Nähe, der sie bei dieser Suche unterstützen kann. Dann werden sie süchtig nach Stoffen, die ihnen einerseits zwar helfen, aber andererseits auch schaden und ihr Bewusstsein auf Dauer trüben. Im Grunde genommen sind alle Menschen mehr oder weniger einer Sucht verfallen. Die vielleicht verbreitetste und zugleich am meisten akzeptierte Sucht, die Mensch und Natur Schaden zufügt, ist die Jagd nach Geld und Reichtum. Sie soll Zustände existenzieller Sicherheit bringen, aber wie bei jeder Sucht ist kein Ende abzusehen. Selbst die Reichsten behalten ihren Hunger auf mehr. Doch was immer das Suchtmittel ist: von einer Sucht geheilt zu werden erfordert in jedem Fall, das Gesuchte auf andere Weise zu finden und in der Gegenwart zu erleben.

Die Zeitschwelle

Menschen unseres Kulturkreises halten sich vorwiegend in den Bewusstseinszuständen Vergangenheit und Zukunft und damit im Denken und weniger intensiv im Spüren auf. Sie sind mit Erinnerungen oder Zukunftsplänen, Hoffnungen, Wünschen und Erwartungen befasst und sprechen meist über Dinge, die gewesen sind oder sein werden. Dabei kommt meist das Erleben der Gegenwart zu kurz. Würden Menschen ausschließlich in den Dimensionen von Vergangenheit und Zukunft wahrnehmen, könnten sie das Leben nur als »schon vergangenen« oder »noch nicht realisierten« Vorgang begreifen. Sie wären im Gefängnis des Verstandes eingesperrt, im Gefängnis der Zeit.

Zeit kann sinnlich nicht wahrgenommen werden. Im sinnlichen Erleben gibt es kein Gestern oder Morgen, sondern nur den erlebten Augenblick. Aber der Verstand kann den Augenblick nicht erfassen. Sobald man an einen Augenblick denkt, ist er vorbei und schon Vergangenheit geworden. Deshalb existiert Zeit – allerdings lediglich in der Verstandeswahrnehmung. Zeit ist eine Dimension des Verstandes und besteht in den Fähigkeiten, zu erinnern oder zu projizieren. Menschen brauchen diese Fähigkeiten, um sich in der Welt zu orientieren, aber sich ausschließlich oder überwiegend im Verstand aufzuhalten bedeutet, vom Erleben der Gegenwart ausgeschlossen zu sein.

Auch vor dem Bewusstseinszustand Gegenwart befindet sich, wie schon vor dem Zustand Zukunft, ein Hindernis oder eine innere Schwelle. War es dort die Schwelle der Vision, welche die Vorstellungskraft begrenzte, ist es jetzt die Zeitschwelle, die vom unmittelbaren Erleben der Gegenwart trennt. Diese Zeitschwelle wird überwunden, indem man den Verstand und seine Kategorien, seine Wertungen, seine Identifikation mit Aufgaben, Rollen und Vorstellungen hinter sich lässt und in den Sinnen ankommt. Gelingt es, aus dem Kopf in die Sinne zu gelangen, gelangt man in die Gegenwart.

Gegenwart ist an sinnliches Erleben gekoppelt. Man kann einen Sonnenstrahl nicht gestern oder morgen, sondern nur hier und jetzt auf seiner Haut spüren. Darüber hinaus kann man ihn weder »als Lehrer« noch »als Sekretärin« fühlen. Man kann Wein auf seiner Zunge schmecken, aber nicht als »Angestellter« oder »Arbeiter«. Man kann eine zärtliche Berührung nicht als »Ingenieur« oder »Akademiker« spüren.

Wer an einer Blume riecht und zugleich an den letzten Tag oder die Börsenkurse der nächsten Woche denkt, hat den sinnlichen Genuss des Augenblicks getrübt. Sinnliche Empfindungen lassen sich nicht in Zeit und Rollen, nicht in Ziele und Erinnerungen einordnen, und das macht den Bewusstseinszustand Gegenwart so wertvoll. Er verschafft Freiheit von Plänen, Ideen und den damit verbundenen Aufgaben und Pflichten. Er gibt Ruhe und Kraft.

Schmecken, riechen, sehen, fühlen, hören, atmen, die ganze Welt der Sinneswahrnehmung gehört zum Bewusstseinszustand Gegenwart. Einen Sonnenuntergang sehen, einen Vogel hören, ein Kind anschauen. Ohne Kommentare des

Verstandes und der Moral in eine sinnliche Erfahrung eindringen, einen Kuss austauschen, Schmerz empfinden, ein Lachen erleben.

Oft ist uns aufgefallen, dass Selbstzweifel und Sinnkrisen bei Menschen auftauchen, die sich solchen unmittelbaren menschlichen Bedürfnissen nur sehr eingeschränkt zuwenden. In Erinnerungen oder von Zukunftsplänen gefangen, in eine von Zwängen und Vorstellungen bestimmte Alltagsroutine verstrickt, verlieren sie den Augenblick. Gelingt es ihnen nicht, sich von Zeit zu Zeit auf sinnliches Erleben einzulassen und den Kopf auszuschalten, wird ihr Leben »unwirklich«, »leer« oder »sinnlos«.

Ein Leben wird sinnlos, wenn es zu wenig oder zu wenig intensiv durch die Sinne erfahren wird.

Dann tauchen Fragen auf: »Was soll das alles?« oder »Das soll jetzt alles sein?« Verloren im Machen, werden Menschen bedürftig. Doch oft wollen sie selbst einfachste Bedürfnisse nicht wahrhaben und versuchen, erwachsen und stark zu sein.

Bei manchen Menschen sind Monate oder Jahre vergangen, seit sie liebevolle Umarmungen und echte Zärtlichkeit erfahren haben. Viele können sich nicht erinnern, als erwachsene Menschen jemals ihren Kopf in jemandes Schoß gelegt und losgelassen zu haben. Bleiben solche und andere elementaren Bedürfnisse lange Zeit unerfüllt, erleben Menschen eine sensorische Deprivation, eine sinnliche Austrocknung. Werden die offenen Bedürfnisse jedoch befriedigt, verschwinden Zweifel und Sinnfragen meist von selbst.

Menschen scheinen den Bewusstseinszustand Gegenwart und die mit ihm verbundenen sinnlichen Erlebnisse so sehr zu brauchen, dass sie sich in Lebensgefahr begeben, um in diesen »kopflosen« Zustand zu gelangen. In Extremsportarten wird mit allen Mitteln versucht, direkt-sinnliches Erleben hervorzurufen, um sich aus der Umklammerung des Denkens zu befreien. Marathon, Triathlon, Autorennen, Bergsteigen, Bungeespringen sind nur einige Sportarten, deren Intensität und Gefährlichkeit an den Augenblick fesseln. Wer sich auf diese Sportarten einlässt, ist, zumindest für jetzt, von Vergangenheit oder Zukunft befreit und erlebt das Abenteuer einzigartiger Momente.

Mann und Frau

Wie sehr das sinnliche Bad in der Intensität des Augenblicks gebraucht wird, kann man auch an der Bedeutung sehen, die Erotik und Sexualität im Leben einnehmen. Sexualität scheint für viele kopfbestimmte Menschen die einzig leicht zu öffnende Tür in die Welt der Gegenwart zu sein. Man spürt die Haut des anderen, riecht seinen Geruch, hört seine Laute, fühlt, wird von Erregung gepackt – und vergisst für eine Weile, was gestern war oder morgen sein wird. In der sexuellen und erotischen Begegnung kann man »abschalten«, »spüren« und »ankommen«.

Unserer Meinung nach liegt darin die wohl tuende und heilende Kraft von Sexualität: Sie kann wie keine andere Aktivität für Momente aus der Zwangsjacke des Denkens befreien und mit den Kräften des Augenblicks verbinden.

Wenn Menschen lieben, sind sie »da«, erleben hohe sinnliche und energetische Intensität. Sie haben Kind (Emotion) und Erwachsenen (Verstand), Held (Pläne) und Dämon (Angst) hinter sich gelassen und sind zu *Mann* und *Frau* geworden.

Mann und Frau, die Symbolgestalten des Bewusstseinszustandes Gegenwart, repräsentieren die aktiv-sinnlichen und rezeptiv-sinnlichen Kräfte des Menschen, seine empfindenden Seiten. Die männliche Seite ermöglicht es, aktiv zu sein, zu tun, zu berühren, einzudringen. Die weibliche Seite befähigt, rezeptiv zu sein, geschehen zu lassen, Berührung zu empfangen. Wenn ein Mann und eine Frau sich sinnlich begegnen, gibt es immer diese aktiven und rezeptiven Teile. Ich streichle dich, du nimmst die Berührung auf. Du streichelst mich, ich nehme die Berührung auf. Yin und Yang begegnen sich.

Wenn beide Partner mit den aktiven und rezeptiven Kräften vertraut sind, wechseln Aktivität und Rezeptivität in der sexuellen Begegnung frei von Rollenfestlegungen. Das ist nicht selbstverständlich, denn immer wieder erleben wir Männer, deren Sexualität einseitig aktiv, und Frauen, deren Sexualität einseitig rezeptiv ist. Solche Sexualität kann auf Dauer nicht befriedigend sein. Erst eine Sexualität, in der jedem Partner beide Möglichkeiten offen stehen, in der jeder sowohl aktiv als auch rezeptiv sein kann, wird zur befriedigenden, Frieden gebenden Sexualität.

Zusammenfassung

Ziel des Umgangs mit dem Bewusstseinszustand Gegenwart ist es, sinnliche Erfahrung zugänglich zu machen. Menschen brauchen Zustände frei von Vergangenheit und Zukunft, frei von der Zeit, um Kraft und Ruhe zu tanken. Die Symbolgestalten des Bewusstseinszustandes Gegenwart sind »Mann« und »Frau«. Sie symbolisieren die aktiven und rezeptiven sinnlichen Kräfte eines Menschen.

Distanz jenseits von Identifikationen

Menschen können Gefühle, Gedanken, Bilder, Stimmen, sinnliche Eindrücke, innerliche und äußerliche Vorgänge nicht nur erleben, sondern auch wahrnehmen, dass sie diese erleben.

Während Sie diese Zeilen lesen, gibt es einen Teil in Ihnen, der weiß, dass Sie lesen. Der gleiche Teil kann erkennen, was Sie fühlen und denken. Dies ist der beobachtende Teil des Selbst, das Bewusstsein. Bewusstsein zeichnet sich durch Distanz aus. Östliche Religionen nennen diese Fähigkeit auch »Zeuge sein«, Zeuge körperlicher, emotionaler, geistiger, beziehungsmäßiger oder weltlicher Vorgänge.

Bewusstsein stellt insofern eine Metafähigkeit dar. Sie versetzt Menschen in die Lage, über ihr Sprechen zu sprechen oder über ihr Handeln zu reflektieren. Das Wort »Meta« (über) weist auf die Perspektive hin, die im Zustand Bewusstheit eingenommen wird. Man kann wie von oben auf etwas schauen und aus dieser Distanz Erkenntnisse gewinnen.

Auch der Bewusstseinszustand Distanz ist wichtig, denn wer keine Distanz halten kann, verliert sich in Handlungen, Empfindungen oder Ereignissen. Dann ist er nicht in der Lage, zu sehen und Klarheit zu gewinnen. Da Menschen sich oftmals in Identifikationen aufhalten, von Gedanken oder Gefühlen beherrscht sind oder von Ereignissen mitgenommen werden, fehlt ihnen die nötige Distanz. Dieses Bedürfnis taucht deshalb zuweilen unerwartet im Alltag auf und zeigt, wie ein Beispiel zeigt, mitunter eine Distanz zu den Dingen.

Manfred, ein 55-jähriger Ehemann, beginnt in seiner Freizeit zu meditieren. Seine Meditation besteht darin, sich auf den Boden zu setzen, die Augen zu schließen und Mantren zu wiederholen. Er gerät »in eine andere Welt«, wo er sich »über den alltäglichen Dingen stehend« erlebt und Abstand zu »da unten« findet. Er spricht von Gelassenheit und genießt die Stille, was seiner LUST entspricht. Doch je mehr er meditiert, desto weiter zieht er sich aus den familiären Beziehungen zurück und gerät in Konflikt mit seiner Familie.

Wir steigen in seine Wahrnehmung ein und übernehmen den Teil »dort unten«, der aus seiner Familie besteht. Manfred übernimmt seinen Teil »dort oben«. Er setzt sich in seiner Vorstellung auf den Himalaja und meditiert. Nach einigen imaginären »Monaten« bekommt er Lust auf die Welt, auf mehr Luxus und Abenteuer und Freunde und beginnt den Abstieg aus der Bergwelt. Der Begleiter stellt sich ihm nun als seine Frau in den Weg und stellt Forderungen. Spontan zieht sich Manfred wieder in den »Himalaja« seiner Distanz zurück.

Dann hat Manfred ein »Aha-Erlebnis«. Er erkennt seinen Rückzug als Flucht vor Auseinandersetzungen und entscheidet sich, die Herausforderung an der Grenze zwischen Welt und Himalaja anzunehmen. Er dreht sich um und fängt mit seiner Frau zu streiten an. Ärger taucht auf. Manfred bringt Dinge zur Sprache, die »ich mitgemacht habe, ohne sie zu wollen«, und beginnt, sich gegen »ihren Terror« zu wehren.

Er beginnt sich durchzusetzen und die Ruhe und Gelassenheit, die er braucht, anders als durch Rückzug zu erreichen: durch die Sicherheit, mit der er anfängt, seinen abweichenden Standpunkt zu vertreten.

Manfred ist kein Einzelfall. Viele Männer geraten in distanzierte Zustände, weil sie sich emotional gegen ihre Frauen nicht durchsetzen können. Wir haben auch beobachtet, dass Frauen, die sich kein ausreichendes eigenes Lebensfeld aufbauen, in distanzartige Zustände wie beispielsweise Depression geraten können, in denen sie sich »auf sich« zurückziehen.

Distanz in ihrer negativ empfundenen Erscheinungsform verhindert Gefühle und kann den Eindruck vermitteln, »nicht dazuzugehören«, »außen zu stehen« und »zuzuschauen«, wie das Leben vorbeizieht. Oftmals ist es aber nötig, genau das zu tun, was Distanz anbietet: bewusst Abstand zu nehmen und hinzuschauen. Wenn man in Gefühle oder Handlungen verstrickt ist, fehlt diese positive Distanz, von der aus Zusammenhänge wahrgenommen und Situationen verändert werden können.

Sind Menschen allzu sehr von Gefühlen beherrscht, kann es ihnen wie Claudia ergehen, die sich in ihrem Arbeitsleben von Gefühlen der Abhängigkeit und Ohnmacht »zerrissen« fühlt und mehr und mehr in den Zustand Distanz gerät. Sie nennt solche Augenblicke, in denen sie den Kontakt zu ihren Gefühlen verliert, »außer mir sein«. Sie gerät tatsächlich außer sich, denn sie kann neben sich stehen und sich zusehen.

Der Sinn ihres Zustandes wird deutlich, wenn wir den Verlauf seiner Entstehung nachvollziehen. Sobald Claudia in

Konflikt mit einem nahe stehenden Menschen gerät, taucht unbändige Wut auf. Claudia läuft rot an und schimpft und tobt auf eine hilflose und destruktive Weise. Wenn sie wahrnimmt, was sie beim Gegenüber anrichtet, wechseln ihre Gefühle zu Traurigkeit und Angst. Dann zeigt sie Reue und den Wunsch, von dem Menschen geliebt zu werden, gegen den sie sich gerade noch aggressiv verhielt. So schwankt sie ohnmächtig von einem Gefühl zum anderen, bis sie sich schließlich von beiden Gefühlen entfernt und in einem »seltsamen Zustand von Leere« wiederfindet.

Wir ermutigen sie, diesen Zustand zu erfahren. Das Gute daran ist, »dass da keine schlechten Gefühle sind«, wohl aber die Fähigkeit, »in Ruhe hinzuschauen« und sich zu fragen, »was ich da eigentlich mache«. Aus der Distanz zu ihren starken Gefühlen erkennt sie nun, nicht ohnmächtig zu sein, sondern Macht durch verschiedene Handlungsmöglichkeiten zu haben. Schließlich taucht eine Gestalt auf, der sie den Namen »die souveräne Frau« gibt. Diese Leitfigur, eine Heldengestalt, kann ihr helfen, die klare, erkennende Seite ihres Selbst zu entwickeln und in den Alltag zu integrieren.

Starke Gefühle oder intensive Situationen können Menschen vereinnahmen. Dann kann es passieren, dass sie sich innerlich von diesen Gefühlen und Situationen entfernen. Dies mag von anderen Menschen als Flucht erlebt werden. Doch wenn sie keine Möglichkeit haben, im Chaos zu bestehen, wird Distanz einfach geschehen. Auf diese Weise werden Menschen, die traumatische Erlebnisse hatten, durch Distanz vor den Gefühlen geschützt, die sie noch nicht verarbeiten können.

Die Schwelle der Identifikation

Jeder Mensch versucht, in seinen Problemen eine andere Schwelle zu überschreiten. Manchen hilft es, mit Gefühlen in Kontakt zu kommen, eine Heldentat zu begehen oder sinnlich zu erleben. Aber manchmal kann nur eine wichtige Erkenntnis weiterhelfen. Diese Erkenntnis ist nicht immer leicht zu gewinnen, denn auch vor dem Zustand Bewusstheit liegt eine Schwelle: die Schwelle der Identifikation.

Identifikation ist ein Mechanismus, der trennt – von Teilen des Selbst, von anderen Menschen, von der Welt. Sind Menschen erst einmal mit einem Teil identifiziert, sind sie parteiisch, entsprechend einseitig und in einer bestimmten Rolle oder Sichtweise gefangen.

Ist jemand beispielsweise zu sehr mit seiner Vorstellung der Vater- oder Mutterrolle identifiziert, mag es ihm schwer fallen, ein Kind bei der Entwicklung seiner Eigenständigkeit zu unterstützen. Er wird versuchen, eigene Vorstellungen durchzusetzen, und nicht erkennen, was er dem Kind damit antut. Einen Erkenntnisschritt zu machen erfordert nun, zumindest kurzfristig den Rahmen der Identifikation »Vater/ Mutter« zu verlassen, Distanz zu nehmen und sich selbst zu betrachten. Dann kommt es oft zu einem erkennenden Aha, und man kann sich aus unbewussten Verstrickungen befreien.

Identifikation macht nicht nur einseitig, sie trennt Menschen zugleich von der Einheit des Seins ab. Identifikationen, gleich welcher Art, gehören zur Welt der Materie. Dort sind sie unerlässlich. Bei der Suche nach weitergehenden spirituellen oder religiösen Erfahrungen sind sie jedoch hinderlich. Schlüpft ein Mensch aus dem engen Rahmen, den Zeit und Person ihm gewähren, verlässt er damit zugleich die polare Wahrnehmung, die ja Grundlage jeder Identifikation ist. Dann gibt es weder »gut« noch »schlecht«, weder »richtig« noch »falsch« mehr. Dann ist die Schwelle der Identifikation überschritten.

Jenseits dieser Grenze liegt die Erfahrung des Seins, eine Ebene frei von Wertung und Benennung. Hier gibt es weder Vergangenheit noch Zukunft, weder Gefühl noch Verstand, weder Held noch Dämon, weder Mann noch Frau, weder aktiv noch rezeptiv. Hier ist ein Mensch eins mit dem, was ist. Diese Einheit wird durch die Gestalt des Weisen oder der Weisen dargestellt, also durch eine einzige Figur und nicht durch Gegensatzpaare, wie Held/Schatten, Mann/Frau, Kind/Erwachsene es sind.

Der Weise hat Rollen, Identifikationen und Zeit hinter sich gelassen und nicht nur Freiheit von den anderen, sondern auch Freiheit von sich selbst gewonnen. Er hat den Schritt vom »Etwas-Sein« zum »Sein« gemacht.

Dies ist ein Schritt in meditative, religiöse oder spirituelle Erfahrungen. Die bewusste Wahrnehmung ist nicht parteiisch oder wertend. Die weise Gestalt erkennt die Verstrickung der Menschen in Handlungen und weiß um die Grenzen einer Identifikation. Der Weise hat Liebe und Hass, Geburt und Tod, Glück und Unglück kommen und gehen sehen und hat erkannt. Diese Weisheit des Abstandes zu den Wechselfällen des Lebens nimmt mit dem Alter und der Nähe zum Tod tatsächlich zu.

Zusammenfassung

Ziel des Umgangs mit dem Bewusstseinszustand Distanz ist es, Abstand von Identifikationen zu gewinnen und sich für ein Weile jenseits polarer Wahrnehmung im Sein aufzuhalten. Die Symbolgestalt des Distanzzustandes ist der Weise/die Weise.

Überblick

Soweit die detaillierte Beschreibung der Bewusstseinszustände und deren Bedeutung. Jeder Bewusstseinszustand braucht Raum im menschlichen Erleben. Die Vergangenheit wird gebraucht, um sich an ihr zu orientieren; die Zukunft vermag Handlungen eine neue Richtung zu geben; die Gegenwart lässt Kraft aus Sinnlichkeit schöpfen; und Distanz ermöglicht, sich zu betrachten, und vermittelt Stille.

Wenn Vorgänge aus dem Nichtwissen im Bewusstsein keinen Platz finden, nutzen sie den einen oder anderen Wahrnehmungskanal und verändern durch ihr Auftauchen das Bewusstsein derart, dass einer der vier Bewusstseinszustände es dominiert. Auf diese Weise werden unfreiwillig innere Grenzen überschritten, und der Mensch verändert seine Identität auf manchmal beängstigende Weise. Diese veränderte Identität lässt sich durch bestimmte Symbolgestalten und die ihnen zugeordneten Fähigkeiten sicht- und greifbar machen.

Wir haben diese Symbolgestalten nicht erfunden. Sie finden sich bereits in den ältesten Weisheitserzählungen und Heilungsritualen der Menschheit, den Mythen. Kind und Erwachsener, Held und Dämon, Mann und Frau und die weise Gestalt entsprechen einem über Jahrtausende gewachsenen Verständnis und bezeichnen Fähigkeiten des Fühlens, Denkens, Erschaffens und Zerstörens, des sinnlichen Wahrnehmens und des Erkennens.

Lassen Sie uns in Kurzform einen Überblick über die Zustände, Schwellen und Gestalten geben, die wir geschildert haben, und über die Herausforderungen, die damit verbunden sind.

Der Bewusstseinszustand Vergangenheit

Jemand erlebt den Bewusstseinszustand Vergangenheit, wenn er wie das Kind fühlt, das er einmal war, und sich verstandesmäßig zu sich verhält, wie seine Eltern sich zu ihm verhielten.

Dann gilt es, neue Wege des Umgangs zwischen Verstand und Gefühl zu entwickeln und dadurch die Lebenshaltung zu verändern.

Kräfte:	Gefühl und Verstand.
Symbolfiguren:	Das Kind und der Erwachsene.
Zu lösende Aufgabe:	Umdeuten, neue Annahmen entwickeln.

Die Visionsschwelle

Sie trennt den Bereich Vergangenheit vom Bereich Zukunft. Wer durch seine Art zu fühlen und zu denken in der Vergangenheit haften bleibt, kann Vergangenheit reproduzieren, aber seine Zukunft nicht aktiv gestalten.

Die Visionsschwelle überschreitet, wer etwas Neues zu träumen wagt.

Der Bewusstseinszustand Zukunft

Menschen erleben den Bewusstseinszustand Zukunft, wenn sie in Träumen oder Visionen eine neue Lebenshaltung einnehmen.

Dann gilt es, den Kern dieser Träume zu entdecken, die Auseinandersetzung mit der Angst vor Veränderung zu führen, Entscheidungen zu treffen und handelnd das Leben zu gestalten.

Kräfte:	Kreativität – aufbauen und zerstören.
Symbolfiguren:	Held und Dämon.
Zu lösende Aufgabe:	Handlungen ein Ziel geben.

Die Zeitschwelle

Die Zeitschwelle überschreitet, wessen Aufmerksamkeit weder von Gefühlen (im Sinne alter Emotionen) und Gedanken noch von Phantasien und Visionen bestimmt wird, sondern von direkter sinnlicher Wahrnehmung.

Der Bewusstseinszustand Gegenwart

Menschen befinden sich im Bewusstseinszustand Gegenwart, wenn sie sich ganz auf das sinnliche Erleben des Augenblicks einlassen. Sie brauchen diese rein sinnlichen, unbelasteten Augenblicke, um entspannen zu können und Kräfte zu sammeln, um bei sich und der Welt anzukommen und auch, um die Erfahrung einer befriedigenden und erfüllenden Sexualität zu machen.

Kräfte:	Aktive und rezeptive Sinnlichkeit.
Symbolfiguren:	Mann und Frau.
Zu lösende Aufgabe:	Erfahrung der Gegenwart.

Die Identifikationsschwelle

Die Identifikationsschwelle überwindet, wer jede Identifikation aufgibt. Er macht einen Schritt vom »Etwas-Sein« zum »Sein«, den Schritt aus der Polarität zur Einheit.

Der Bewusstseinszustand Distanz

Man erlebt den Zustand Bewusstheit, wenn man die Erfahrung der Einheit macht. Es ist eine meditative, spirituelle oder religiöse Erfahrung vollkommener Verbundenheit.

Kraft:	Bewusstheit.
Symbolfiguren:	Weise/Weiser.
Zu lösende Aufgabe:	Überblick + Erfahrung der Verbundenheit.

An der Schwelle der Identifikation sind die Möglichkeiten der Therapie erreicht, bis hierhin kann sie hilfreich sein. Warum? Therapie setzt an der Dualität, an Konflikten und Spaltungen den Hebel an. In den Bewusstseinszuständen Vergangenheit, Zukunft und Gegenwart erfahren sich Menschen durch Polaritäten. Kind/Erwachsener, Held/Schatten, Mann/Frau sind Symbolgestalten innerer Gegensätze von Verstand/Gefühl, Konstruktivität/Destruktivität und Aktivität/Rezeptivität. Zwischen ihnen wechselt die Wahrnehmung in einem nicht endenden Suchen nach Harmonie hin und her.

Buddhisten nennen diesen Kreislauf der Dualität das Rad des Leidens. Würden sich Menschen ausschließlich in diesen polaren Bewusstseinszuständen aufhalten, erlebten sie niemals Freiheit von sich selbst, vom ewigen Kreislauf der Gedanken, der Gefühle, der Visionen der sexuellen Bedürfnisse. Deshalb wird die Distanz gebraucht, um sich über Grenzen hinweg mit dem Sein zu verbinden, um allein zu bestehen. Weder Therapie noch Selbsterfahrung können den Menschen aus der polaren Wahrnehmung befreien.

Mit Veränderung umgehen

Nachdem wir unsere Art des Umgangs mit Veränderung beschrieben und die dazugehörigen Begriffe erläutert haben, wollen wir nun auch die Methodik zusammenfassen. Daraus können auch diejenigen, die keine therapeutische Begleitung in Anspruch nehmen, Hinweise zum Umgang mit Veränderung gewinnen. Wer darüber hinaus mit sich selbst arbeiten möchte, sei auf unser Buch *Selbsterforschung*[9] hingewiesen.

Signale des Unbewussten

Ziel unseres Umgangs mit Veränderung ist es, wie schon beschrieben, Menschen in eine veränderte Lebenshaltung zu begleiten. Wegweiser dabei ist die LUST, die ein Mensch in konkreten Situationen entwickelt und die in Impulsen besteht, die aus Bereichen jenseits der Identifikation, jenseits der Grenze stammen und die im jeweiligen Problem enthalten sind. Diese Lustimpulse tauchen als Bilder, Träume, Gefühle, Körper- und Bewegungsimpulse oder Beziehungsspannungen oder distanzierte Wahrnehmungen im Bewusstsein auf.

---

[9] Mary/Nordholt, *Selbsterforschung*, Schadeland 2000

Beispielsweise spricht ein Klient davon, es gehe ihm gut und ihm fehle nichts. Gleichzeitig streicht er, ohne das selbst zu bemerken, mit den Fingern zärtlich über die Armlehne seines Sessels. Nachdem sich dieser Vorgang mehrmals wiederholt und er ihn nun bewusst erforscht, tritt die Bedeutung des Signals hervor. Der Bewegungsimpuls erweist sich als Ausdruck der Lust nach Berührung. Hier meldet sich ein bedürftiger Teil des Klienten, der wahrgenommen werden will. Die Botschaft des körperlichen Signals lautet: »Ich brauche Zärtlichkeit.«

Eine Klientin spricht von den Konflikten mit ihrem Mann und betont dabei, ihm nicht böse zu sein. Doch schon dieser Satz beinhaltet eine widersprüchliche Botschaft, denn woher kommt das Wort »böse«? Zugleich mit diesen Worten ballt sie eine Faust und presst die Zähne aufeinander. Als sie diesen Lust-Signalen nachgeht, taucht der Impuls »etwas zu zerfleischen« auf. Hier meldet sich ein aggressiver Teil der Klientin, der durch ihre Identifikation mit der Vorstellung, eine verständnisvolle Partnerin zu sein, verdrängt wurde.

Ein Lust-Impuls hat nichts mit »lustig sein« oder »Spaß haben« zu tun. Lust beschreibt einen spontanen, unkontrollierten Lebensimpuls. Wer beispielsweise aggressiv wird, bekommt »Lust zu schreien«. Wer Traurigkeit empfindet, bekommt »Lust zu weinen«. Wer Freude empfindet, bekommt »Lust zu lachen« oder »Lust zu tanzen«. Dies sind natürliche Reaktionen, und ihnen nachzugeben ist befreiend. Wir nennen solche Impulse die LUST eines Menschen, weil die Entdeckung der hinter ihnen stehenden Persönlichkeitsanteile und deren Integration letztlich ein lustvoller und befriedigender Prozess ist, der die Lebensqualität verbessert.

In den Impulsen der Lust zeigt sich die Sehnsucht, zu sein, wie man auch noch ist, zu fühlen, was man sonst noch fühlt, und zu tun, was man am liebsten tun will.

Seine Lust ist das, was der Mensch tun kann, wenn er nicht von Angst und der Enge seiner Identifikation beherrscht ist.

Angst muss!

Der Klient, der die Sessellehne streichelt, arbeitet viel und hart, weil »man sich anstrengen muss, wenn man es zu etwas bringen will«. Aus dieser Haltung der »Angestrengtheit« heraus fällt es ihm schwer, eigene Bedürfnisse wahrzunehmen, denn er muss »durchhalten«, sich »zusammenreißen« und »etwas schaffen«. Die auf ihren Ehemann wütende Klientin lässt sich von ihrem Mann zu viel gefallen. Aus dieser Haltung der »Nachgiebigkeit« fällt es ihr schwer, eigene Bedürfnisse durchzusetzen, denn sie ist der Überzeugung, »rücksichtsvoll« und »verständnisvoll« sein zu müssen.

Die ein Leben strukturierenden Haltungen zeigen sich im Gebrauch des Wortes *muss* und der Verneinungen *kann nicht* oder *darf nicht*. Diese Worte stammen aus der Identifikation eines Menschen, mit der ein Zwang verbunden ist, das Leben in bestimmte Bahnen zu lenken. Es hat einige Jahre gedauert, bis wir begriffen, dass sich Annahmen und Identifikation tatsächlich auf recht einfache Weise identifizieren lassen. Seitdem haben wir eine erhöhte Sensibilität für die Verwendung dieser Worte, denn wenn Menschen glauben, etwas Bestimmtes tun zu müssen, liegt es außerhalb ihres

Vorstellungsvermögens und ihrer Erfahrung, etwas anderes tun zu können.

Wann immer sich jemand in einer schwierigen Situation befindet, taucht alsbald das Muss auf, durch das er sich in diese Situation hineinmanövriert hat oder durch das er sich darin festhält. Er folgt inneren Handlungszwängen. Angst muss! Wer Angst hat, muss kämpfen, fliehen, sich anstrengen, lügen … denn Angst lässt keine andere Wahl als diese eine Verhaltensweise.

Lust kann!

Beengt durch seine Identifikation, tauchen Lust-Impulse jenseits der Grenze auf. Folgt man dieser, ergeben sich neue und vielfältige Möglichkeiten.

Beispielsweise erlebt ein Manager rätselhafte und wiederkehrende nächtliche Träume. Er träumt davon, bei einer Bergtour abzustürzen. Diese Bilder sind Botschaften der LUST nach Entspannung, was ihm selbst allerdings erst klar wird, nachdem er gezielt »abstürzt«. Er fällt zu Boden, liegt da und rührt sich nicht mehr. Er ist »kaputt«. Das Gute daran ist, nichts mehr »machen zu müssen«. Was wird für diesen Mann möglich, nachdem er nichts mehr machen muss? Er kann! Er kann liegen bleiben, loslassen, die Arbeit für eine Weile vergessen und genießen.

Wer nicht muss, kann! Er kann … sich wehren, sich vertrauen, sich behaupten, traurig sein, lieben, genießen oder anderes mehr. Diese Möglichkeiten, die bisher außerhalb von Sichtweite und Vorstellungskraft lagen, zeigen sich in den

Impulsen der Lust. Was es braucht, um diese Möglichkeiten zu entdecken, ist Unterstützung und Erforschung der Lustimpulse. Ein Mensch, der sich bisher zurückhielt, kann Lust bekommen, sich zu streiten. Ein anderer erlaubt sich, albern zu sein. Der nächste hat großes Vergnügen daran, »nichts« zu tun.

Lust kann in vielerlei Formen auftauchen: als Lust, zu singen, zu rennen, zu toben, zu hassen, kreativ zu sein, zu zerstören, sexuell zu sein, loszulassen, die eigene Kraft zu spüren, sich zu behaupten, sich zu wehren, sich zu öffnen, zu lieben, sich durchzusetzen, die eigene Meinung zu vertreten, zu entspannen, etwas zu leisten, zu vertrauen, seine wirklichen Gefühle zu zeigen, sich mit Menschen zu verbinden oder sich von ihnen zu trennen, ja und nein zu sagen, klar und deutlich zu sein und vieles, vieles mehr.

Was will geschehen?

Das Ziel des Umgangs mit Veränderung liegt demnach darin, einen Weg vom *Muss* zum *Kann* zu finden, von zwanghafter Enge zur Erweiterung der Möglichkeiten. Es geht darum, dem zu folgen, was geschehen will und was unbewusst bereits geschieht und sich in der LUST zeigt.

Taucht solche Lust in Impulsen auf, befindet sie sich zunächst im rohen Zustand eines ungeschliffenen Diamanten. Sie weist in eine Richtung, ist aber nicht in den Alltag integriert. Es wäre wenig empfehlenswert, im Alltag einer zurückgehaltenen Aggression freien Lauf zu lassen und den Nachbarn »aus Lust« zu verprügeln oder in einem Anfall der Liebe alle Menschen auf der Straße »aus Lust« zu umarmen. Deshalb sollte der Diamant Lust nach und nach geschliffen werden, indem er schrittweise in die verschiedenen Alltagsbereiche übertragen wird. Was es dazu braucht, ist eine größere Aufmerksamkeit für die eigene Lust und die Bereitschaft, sich auf den Prozess der inneren Auseinandersetzung zwischen Lust und Angst einzulassen.

Sobald diese Lust wahrgenommen wird, taucht Angst auf. Jetzt befindet man sich an einer inneren Schwelle. An dieser Grenze halten wir uns so lange auf, bis eine akzeptable Lösung zum Umgang mit der Lust gefunden ist. Dann wird die innere Schwelle passierbar, und es kommt zu einer Veränderung. Die erwünschte Veränderung kann durch Selbsterfahrung deutlich werden und teilweise auch geschehen. Verwirklichen kann man sie jedoch nur dort, wo das Problem aufgetreten ist: im Alltag. Dort findet die Bewährungsprobe statt, denn nur was im »normalen« Leben Bestand hat, ist wirksam integriert und kann zur Veränderung des Lebens beitragen.

Konkretes Vorgehen in Wandlungsprozessen

Wenn wir Menschen begleiten, suchen wir Antworten auf verschiedene Fragen. Diese lauten:

- *Angst*: Wo heraus lebt jemand? Womit ist er identifiziert?
- *Lust*: Wo will er hin und wie zeigt sich das?
- *Grenze*: Welche Schwelle gilt es für ihn zu überwinden?
- *Integration*: Auf welche Weise kann die neue Fähigkeit in das Leben integriert werden?

Lassen Sie uns dieses anhand eines praktischen Beispiels konkret verdeutlichen, anhand eines Angestellten, der an einer Allergie leidet. Ihm ist aufgefallen, dass seine Allergie am Arbeitsplatz ausgelöst wird. Seine Bürotätigkeit beschreibt er als »öde, aber gut bezahlt«.

Enge: Welche Haltung zeigt er? Womit ist er identifiziert?

Unser Mann lebt, was seine Arbeit angeht, aus einer Haltung der »Starrheit«. Obwohl ihn seine Arbeit anödet, überwindet er den Widerwillen dagegen, denn sie ist gut bezahlt. Seine Identifikation liegt auf der Verstandesebene, er handelt »vernünftig« gegen ein Gefühl. Hier zeigt sich ein Konflikt zwischen Verstand und Gefühl.

Lust: Was will geschehen? Wo will er hin?

Der Mann definiert sein bewusstes Ziel folgendermaßen: »Ich will die Allergie loswerden und wieder vernünftig arbeiten können.« Unbewusst reagiert er gegen die Arbeit allerdings abwehrend. Darin liegt eine LUST. Was kann er machen, wenn er einen Allergieschub erleidet? Spontan und freudig antwortet er auf diese Frage: »Zu Hause bleiben.« Seine Lust besteht zuerst einmal darin, im Bett zu bleiben. Was kann er dort? Liegen und »mich fühlen«. Was fühlt er, wenn er das tut? Dass »ich nicht mehr dorthin will, weil es so öde ist«. Die Impulse, im Bett zu bleiben und zu fühlen, kann man demnach als kurzfristige Lust bezeichnen, die langfristig zur Lust führt, eine andere, interessante Arbeit zu suchen.

Damit sind die Fragen »Wo heraus lebt er?« und »Wo will er hin?« hinreichend beantwortet. Wir können sagen, dieser Mann lebt aus »Eintönigkeit« und will hin zu »Lebendigkeit«. Nun geht es darum, einen Weg zu diesem Ziel zu finden. Dafür muss er die innere Schwelle zwischen seiner Lust und Angst erfahren.

Welche Schwelle gilt es zu überwinden?

Der Mann hat eine Grenze dagegen, seine Gefühle wahrzunehmen und anzunehmen. Die Bedürfnisse »Fühlen« und »Entspannen« setzen sich über körperliche Symptome, eben die allergische Reaktion, durch. Tritt diese Allergie auf, reagiert das Immunsystem so heftig auf bestimmte im Büro vorhandene Reizstoffe, dass es die eigene Körperabwehr angreift. Der Mensch kämpft quasi auf der Körperebene gegen sich selbst.

Heute weiß die medizinische Forschung, dass Gefühle in der Lage sind, das Immunsystem durch Botenstoffe zu beeinflussen. Gefühle können also direkt und massiv in den Körper eingreifen, und das haben sie in diesem Fall getan.

Seine Allergie kann den Mann zwar lahm legen und ihn von Zeit zu Zeit daran hindern zu arbeiten, aber sein Problem ist damit nicht verschwunden, denn sobald die Symptome verschwinden, schleppt er sich zur gleichen öden Arbeit. Erst indem er das Phänomen »Allergie« freundlich betrachtet, kann der Klient entdecken, wozu die Krankheit gut ist. Sie ermöglicht ihm, sich auszuruhen, sich zu fühlen und Rücksicht auf sich zu nehmen. Nachdem er durch einige Übungen erfahren hat, wie »gut es sich anfühlt«, seiner Lust nach Entspannung zu folgen, und wie gut ihm der Abstand vom Büro tat, beginnt er, seine Bedürfnisse ernster zu nehmen und seine allzu starke Identifikation mit »Geld« und »Leistung« allmählich zu relativieren.

Der Mann hat nun die Schwelle gegen »fühlen« und »brauchen« überwunden. Die wiederholte Erfahrung dieser wohl tuenden Gefühle mündet in der körperlich und emotional fundierten Erfahrung, dass die Allergie eine Botschaft in sich trägt: »Kümmere dich besser um dich, geh nicht gleichgültig mit deinem Leben um, sei kreativ – sonst mache ich dich krank!« Darin liegt der Sinn der Krankheit. Sie hat diesen Sinn nicht deshalb, weil »es so wäre«, sondern weil der Mann ihr aufgrund seiner Erfahrungen diesen Sinn gibt.

Integration: Wie kann sich die Fähigkeit ins Leben einfügen?
Auf Grundlage dieser Erkenntnis entscheidet sich der Mann, auf seinen Körper und seine Gefühle zu achten. Er sucht sich eine neue Arbeit, wodurch er seiner Lust gerecht wird, und kündigte erst dann die alte, wodurch er seiner Angst vor finanziellen Einbrüchen Rechnung trägt. Seine Allergie lässt nach und verliert innerhalb von zwei Jahren jede Bedeutung in seinem Leben.

Neues erleben – Zielkontexte gestalten

Der Umgang mit den meisten Problemen ergibt sich unter anderem aus der wert- und vorurteilsfreien Haltung, mit der man der Frage nachgeht: Wo heraus lebt ein Mensch und wo will er hin? Wo er hin will bestimmt allerdings nicht sein Bewusstsein, sondern das ganze Selbst, also zu 90 Prozent das Unbewusste. Hat sich dann gezeigt, wo der ganze Mensch hin will, besteht die nächste Aufgabe darin, das erlebbar zu machen, was derjenige sucht.

Lebt jemand beispielsweise in Niedergeschlagenheit, Depression oder Starrheit, kann es ihm helfen, sich lebendig und spontan zu erleben. Jedes Erlebnis von Spontaneität lässt ihn dann sein Ziel erfahren. Lebt jemand in einer Atmosphäre der Unterlegenheit, hilft ihm jede angemessene Gelegenheit, in der er sich behaupten und wehren kann. Immer, wenn er über die Schwelle geht, macht der die unmittelbare Erfahrung, dass es sein Ziel jetzt und wirklich gibt.

Die Gestaltung eines Zielkontextes kann zu ungewöhnlichen, aber überaus kreativen und effektiven Erlebnissen führen. Ein Mann, der in permanenter Atmosphäre der Ruhelosigkeit lebt, erfährt einen Durchbruch durch eine Sitzung, in der er etwa zwei Stunden lang schweigt. Eine Frau, die in einer Atmosphäre der Starrheit lebt, überwindet ihre Angst, indem sie sich erlaubt, zu brabbeln, zu kreischen, verrückt zu werden und »auszuflippen«. Ein Geschäftsmann macht erste Schritte aus seiner Atmosphäre der Verbissenheit, indem er sein Inneres Kind entdeckt und anfängt, liebevoll mit einem Teddybären zu kommunizieren.

In diesen Beispielen erleben Klienten etwas von dem, was bisher außerhalb ihrer Vorstellung und Identifikation lag – etwas Neues. Das ist zwar nicht das Ende, aber doch der Beginn einer grundlegenden Veränderung.

Professioneller Umgang mit Veränderung

Wer eigenverantwortlich mit Veränderung umzugehen versucht, gerät sicherlich an Grenzen. Dann kann es hilfreich sein, professionelle Unterstützung in Anspruch zu nehmen.

Professioneller Umgang mit Veränderung ist keine Erfindung unserer Zeit. Die Rituale unserer Vorfahren, die man noch heute in ursprünglichen Gesellschaften beobachten kann, waren erste Formen individueller und sozialer Selbsterfahrung und Therapie. Diese Rituale, von der Initiation über Kampfrituale bis zu Trauerritualen oder Drogenritualen, gaben seelische und spirituelle Hilfestellung bei der Bewältigung von Wandel, wie er durch die Ereignisse des Lebens, durch Geburt, Sexualität, Krieg und Tod hervorgerufen wurde.

Heute, nachdem diese Riten verloren gegangen sind, nimmt Therapie deren Platz ein, und Menschen suchen Unterstützung zur Bewältigung individuell schwieriger Situationen bei professionellen Helfern. Die Akzeptanz und das Bedürfnis nach der Unterstützung von Lebensprozessen hat in den letzten Jahren derart zugenommen, dass wir uns, soweit dies für unser Thema notwendig erscheint, kritisch mit ihnen befassen und neben ihren Stärken auch einige ihrer Grenzen aufzeigen wollen.

Methodenwahl

Viele der heute verbreiteten therapeutischen Methoden sind spezialisiert, das heißt, sie befassen sich vorwiegend mit einer der sechs Wahrnehmungsebenen. Das hat mit der Entwicklung der Psychotherapie zu tun.

Zu Beginn des Jahrhunderts erforschte Freuds Psychoanalyse die Welt der Bilder, Träume und Gedanken, näherte sich also vorwiegend von der Verstandesebene aus dem Unbewussten. Die Reichianischen Therapien, deren Ursprung in den Zwanzigerjahren liegt, vollzogen den Schritt auf die Körperebene, um von dort aus das Unbewusste zu erreichen. Mit der Gefühlsebene befassten sich schließlich die verschiedenen Primär- und Atemtherapien, die ab Ende der Sechzigerjahre modern wurden. Dann machten sich Gesprächs- und Gestalttherapie an die Aufgabe, Gefühle und Verstand zu verbinden. Seit wenigen Jahrzehnten befasst sich die Familientherapie mit menschlichen Beziehungen, und die gerade populäre systemische Arbeit wendet sich den Zusammenhängen in Familien und Gruppen zu. Östliche Meditationen regen an, bewusst zu werden und Abstand zu suchen.

Jede Methode setzt auf einer bestimmten Wahrnehmungsebene den Hebel an. Für sich genommen ist jede dieser Methoden somit relativ einseitig und bietet Vor- und Nachteile. Einerseits ermöglicht sie die Entwicklung spezifischer Fähigkeiten auf der entsprechenden Ebene, andererseits besteht die Gefahr, aufgrund der mit der Spezialisierung einhergehenden Einseitigkeit am Klienten vorbeizugehen. Die Ebene, auf der eine Methode ansetzt, muss nämlich nicht mit der Zugangsebene des Klienten übereinstimmen.

Wenn beispielsweise eine Information auf der Körperebene auftaucht, ist sie von der emotionalen Ebene oder der Erkenntnisebene her möglicherweise nicht erreichbar. Dann ginge es erst einmal darum, dem Körper mehr Aufmerksamkeit zu widmen. Jetzt stellt sich die Frage, ob der Therapeut in der Lage ist, auf dieser Ebene zu arbeiten. Das ist nicht immer der Fall.

Gerät zum Beispiel ein Klient, dessen Zugang auf der Körperebene liegt, an einen Analytiker, kann das zu qualvollen und ermüdenden Therapiesitzungen führen. Kommt es vor, dass ein Klient genügend gesprochen hat und nun Prozesse körperlich erfahren will, kann ihm der Gesprächstherapeut nicht weiterhelfen, und die Sitzungen laufen sich fest, vor allem, wenn ein Therapeut den Klienten dann nicht loslassen kann und in der Behandlung behalten will. In der Praxis begegnen wir daher »durchanalysierten« Klienten, die nach Jahren der Analyse alles verstanden haben und nun nicht mehr weiterkommen. Oft fehlt der Zugang zu den mit Erkenntnissen verbundenen Gefühlen, um Zusammenhänge nicht bloß zu wissen, sondern auch zu begreifen. Andere Klienten kommen aus intensiver und langer Körpertherapie, haben Gefühle wieder und wieder ausgedrückt, aber zu wenig verstanden. Ihnen fehlen oftmals Erkenntnisse und eine größere Distanz zu Gefühlen, was sie in die Lage versetzen würde, ihr Leben zu verändern. Wir erinnern uns an einen Klienten, dessen Therapeut ihn laufend »nach innen« auf die Suche nach Lebensgrundmustern schickte, weil er glaubte, das »liege an« für seinen Klienten. Leider half das nicht, denn der Mann wollte nach außen gehen, sich beziehen und Kontakt zu Menschen aufnehmen.

Wenn Therapeuten an der falschen Tür klopfen und mangels Flexibilität mit ihrer Weisheit am Ende sind, dies aber nicht zugeben können, sprechen sie in der Regel von »Widerständen« des Klienten oder von »Blockaden«. Es ist jedoch der Therapeut, der in solch einem Fall blockiert ist, denn er hat offene Türen übersehen, und eine Tür ist sicherlich offen, sonst wäre der Klient ja nicht zur Therapie gekommen. Selbst wenn ein Therapeut und seine Methoden lange Zeit dem Prozess des Klienten entsprochen haben, kommt es laufend vor, dass die Wahrnehmungsebenen wechseln, auf denen Lösungen zu finden sind oder auf denen Erfahrungen gesucht werden. Half gestern eine Körpererfahrung, kann das heute ein Gespräch sein, morgen eine menschliche Begegnung oder eine spirituelle Erfahrung.

Im Licht der hier aufgestellten Betrachtungen zeigt sich therapeutische Kunst in erster Linie in der Fähigkeit zu detaillierter und vielfältiger Wahrnehmung. Aus diesen Gründen halten wir Methodenvielfalt in Selbsterfahrung und Therapie für unumgänglich. Ein Therapeut sollte in der Lage sein, Lösungshinweise und Signale aus allen Wahrnehmungsebenen zu erkennen und aufzugreifen. Wer Menschen begleitet, sollte mit dem arbeiten, was für den einzelnen Menschen funktioniert, ohne dabei an ein bestimmtes System oder eine festgelegte Arbeitsweise gebunden zu sein.

Untersuchungen haben gezeigt, dass sich die Methoden langjährig tätiger Therapeuten im Laufe der Zeit einander annähern. Die professionellen Helfer lernen, was funktioniert, wachsen im gleichen Maße aus dem Korsett ihrer Ausbildung heraus und orientieren sich mehr zu Methodenvielfalt hin. Sollte das nicht der Fall sein, was ein Klient meist daran merkt, dass ihm die Begleitung nicht hilfreich erscheint, kann es an der Zeit sein, Therapeut oder Methode oder beides zu wechseln.

Erfahrungen aus der Begleitung von Menschen

Therapeutische Unterstützung sollte indes nicht so weit gehen, dass der Alltag dauerhaft zu einem Projekt unter therapeutischer Aufsicht gerät. Veränderung findet im Leben auch ganz von selbst statt, auf dem Weg der Selbstregulation, und natürlich auch durch Schmerz und Leid. Das scheint nicht abwendbar, auch durch beste Therapie und intensive Selbstbeschäftigung nicht. Durch niemanden und nichts können die Probleme und Schmerzen des Lebens umgangen werden.

Im Laufe der mehr als 25 Jahre, in denen wir uns mit Selbsterfahrung und Therapie befassen, hat sich unser Verständnis von Therapie und Heilung grundlegend geändert. Zu Beginn unserer Tätigkeit hofften wir, man brauche nur genügend Therapie zu machen und bewusst genug zu werden, dann würden Probleme überflüssig und man wäre gesund. Unter Gesundheit verstanden wir einen Idealzustand, frei von Problemen, Leiden und Störungen.

Heute wissen wir: Es ist naiv zu glauben, man könnte Probleme loswerden. Sicherlich aber kann man übermäßiges Leiden verhindern, das entsteht, weil man sich gegen Veränderung wehrt oder nicht weiß, wie sie unterstützt werden kann. Anstatt den idealen Zustand der Problemlosigkeit erreichen zu wollen, sehen wir Probleme jetzt als Hinweise auf anstehende Veränderungen und versuchen daher, mit ihnen umzugehen.

Fragten wir früher eher, was die Störung einem Menschen wegnahm und wie er es wiederbekommen kann, liegt unsere Aufmerksamkeit heute besonders darin, herauszufinden, *womit ihn ein Symptom, eine Situation oder ein veränderter Bewusstseinszustand in Kontakt bringt*, welche Lust darin verborgen liegt und welche Lebensqualität sich dadurch verwirklichen möchte.

Wir sehen Heilung heute als einen individuell geprägten Wandlungsvorgang, der Störungen und Schwankungen beinhaltet und nicht unbedingt zu einer angestrebten Normalität, sondern mitunter zu Entwicklungen führt, die sich nicht unbedingt mit Idealvorstellungen von Heilung decken.

Einer unserer Freunde hatte die ersten 63 Jahre seines Lebens im engen Korsett seiner Moral und der Verhaltensvorschriften seines sozialen Umfeldes gelebt. Er galt allen Menschen als ordentlich, aufrecht, stark und zuverlässig. Durch heimlichen Alkoholkonsum hatte sich der Einfluss verdrängter Seiten zwar schon angekündigt, doch bis zur Pensionierung gelang es ihm, diese Kräfte unter Verschluss zu halten. Als er sein Arbeitsfeld verließ, brachen seine Sehnsüchte durch, und der Mann wurde Alkoholiker. Innerhalb kurzer Zeit veränderte er sein Verhalten und zeigte seine andere Seite. Er ließ sich gehen, wurde unzuverlässig, nahm kaum noch etwas ernst, beschimpfte seine Verwandten, wurde egoistisch, fing an, laut zu singen, und verlor die Angst vor dem Tod, als er eines Tages betrunken stürzte und ohnmächtig wurde. Er beschrieb diese Ohnmacht folgendermaßen: »Wenn sterben so schön ist, dann habe ich keine Angst mehr davor.«

Der Heilungsprozess dieses Mannes mag darin bestehen, für einige, vielleicht sogar die restlichen Jahre seines Lebens die andere Seite seines Selbst zu leben, die lässige, verspielte, unvernünftige, emotionale, verrückte und entspannte Seite, selbst wenn das mit übermäßigem Alkoholgenuss verbunden sein mag.

Man könnte diesen Mann als krank ansehen. Doch was für einen Menschen gut ist, was Heilung für ihn bedeutet und wie er seine Lebenserfahrung vervollständigt, ist oft ungewöhnlich und liegt außerhalb von Wertungen. Begleitende Therapeuten brauchen daher den Mut, sich auf Nichtwissen einzulassen und nicht wissen zu wollen, was gut und richtig für jemanden ist.

Eine weitere Lektion, die wir lernen mussten, betraf die Zeitdauer von Veränderungen. Wir glaubten anfangs, tief greifende persönliche Veränderungen seien innerhalb kurzer Zeiträume zu erreichen, und wurden durch spektakuläre und scheinbar spontane Erfolge in dieser Überzeugung unterstützt. Inzwischen haben wir gelernt, dass es im Umgang mit Veränderung keine rasanten Bewegungen gibt. Zwar kann eine Erkenntnis plötzlich »über uns kommen« oder sich »schlagartig« ausbreiten, aber das betrifft nur das Bewusstsein. Unbewusst ist die Veränderung schon längst geschehen. Aber sogar eine Explosion geschieht, wird sie in ihrer Gesamtheit betrachtet, nicht plötzlich. Es hat lange Zeit gedauert, den Sprengstoff zu sammeln, bevor ein Funke die Explosion auslösen konnte. Selbst eine plötzliche Veränderung ist Ergebnis eines aus vielen Phasen bestehenden Prozesses. Manchmal genügt ein Windhauch, und der Apfel fällt vom Baum, aber dazu muss er reif geworden sein.

Immer wieder kommen Menschen in die Beratung, die vor Jahren »eine Therapie« gemacht haben und »doch wieder« vor Problemen stehen. Aussagen wie »Ich habe doch schon vier Jahre Therapie gemacht und geglaubt, das liege alles hinter mir« sind durchaus typisch. Leider wird von professioneller Seite manchmal der Eindruck erweckt, als könne in Therapie tatsächlich ein »großer Aufwasch« gemacht, die Vergangenheit durch die therapeutische Waschmaschine gedreht und damit abgehakt werden. Wenn die Hoffnung auf schnelle und einfache Veränderung durch eine bestimmte Methode schwindet, nimmt eine andere sogleich deren Stelle ein. War das früher die Bioenergetik, war es später das NLP, und jetzt ist es das Familienstellen.

Doch Erlösung vom Leid durch therapeutische Prävention ist sicher nicht möglich. Der Alltag, nicht die Therapie lässt die Dinge »hochkommen«. Und nur jene Seiten des Selbst, welche von allein auftauchen, wollen erkannt und integriert werden. Jede Therapie sollte deshalb in Übereinstimmung mit dem »eigenen Therapeuten« des Klienten sein. Dieser eigene Therapeut zeigt sich in den Selbstheilungsbestrebungen des Menschen.

Jeder ist der eigene Therapeut durch die Art und Weise, in der das Nichtwissen Einfluss auf sein Leben nimmt, und in der Weise, in der sich unbewusste Impulse auch gegen seinen Willen durchsetzen. Jeder ist sein eigener Therapeut durch:

- Erinnerungen, die ihn aufrütteln,
- Sehnsüchte und Träume, die sein Handeln bestimmen,
- eine Verliebtheit, die sein Leben durcheinander bringt,
- Verrücktheiten, die »aus Versehen« passieren,

- außergewöhnliche Bewusstseinszustände, die »unabsichtlich« geschehen,
- einen »zufällig« verstauchten Fuß, der ihn ruhig stellt,
- ein Magengeschwür, das ihn empfindsam werden lässt,
- einen Herzinfarkt, der sein Leben verlangsamt,
- und vieles andere mehr.

Wenn diese selbstregulativen Vorgänge in Therapie unterstützt werden, wird sinnvoll zum Umgang mit Veränderung beigetragen.

Leben Sie in einer Langzeitbeziehung?
Vermissen Sie die Leidenschaft?
Möchten Sie zuerst die gute oder die schlechte Nachricht hören?

Okay, zuerst die gute: Sie sind ganz normal. Und die schlechte? Dauerhaftes Liebesglück, ewiges Begehren mit möglichst immer dem selben Partner – das ist nichts als ein schöner Traum, der früher oder später an der täglichen Beziehungsrealität zerbricht.
Bissig und provokativ deckt Michael Mary die fünf wichtigsten Liebeslügen auf, die Langzeitpaare verunsichern und belasten. Mit diesem (Anti-) Ratgeber zeigt er, dass Partnerschaften ganz andere Werte haben und welche Lösungen Paare mit Gelassenheit und Toleranz finden können.

ISBN 3-404-60512-8

Warum enden alle Hollywood-Liebesfilme
mit einem Happyend?

Vermutlich weil niemand sehen möchte, wie Julia Roberts und Richard Gere sich in *Pretty Woman II* auf dem Sofa beim Fernsehen langweilen ... Denn der Zahn der Zeit nagt auch an Beziehungen von Traumfrauen und -prinzen. Wo sind sie auf einmal hin, die Schmetterlinge im Bauch, die Leidenschaft, die Lust aufeinander? Und was kann man tun, wenn die Lust, nicht aber die Liebe nachlässt? Michael Mary hat mit etwa 50 Paaren gesprochen, die für das Spannungsfeld von Partnerschaft und Sexualität individuelle Lösungen gefunden haben. Fünf Modelle hat Mary herausgefiltert. Sie reichen von der leidenschaftlichen, aber seriellen Beziehung auf Zeit bis zum offenen Seitensprung.

ISBN 3-404-60532-2

BASTEI
LÜBBE

Menschen möchten glücklich sein, und das am liebsten sofort und für immer.

Daher garantieren moderne Glücksgurus jedem Erfolg, Gesundheit, Reichtum und Erfüllung. Sie behaupten, das Glück sei lernbar und das Leben könne gesteuert werden. Doch das Leben ist keine kontrollierbare Trainingseinheit. Michael Mary zeigt in seinem Buch, wie wir uns von den absurden Ansprüchen eines geplanten Lebens und den Zwängen des modernen Machbarkeitswahns befreien können.

»Wer es jedoch vermag, dem verbissenen Tun der Machbarkeitsgläubigen zuzuschauen, wer erkennt, schmunzelt, lächelt und sich zurücklehnt, der kann zu mehr Gelassenheit finden – und sich einem Leben widmen, das diesen Namen verdient, weil es nicht kontrolliert, sondern gelebt wird.«

ISBN 3-7857-2141-2

Gustav Lübbe Verlag

»Die Liebe ist ein seltsames Spiel ...«

So singt man. Und kennt zahllose Varianten, mal mehr, mal weniger tragisch. Romeo & Julia, Harry und Sally, Boris und Babs, zum Beispiel. Was aber ist (die) Liebe, wissenschaftlich betrachtet? Warum verlieben wir uns in bestimmte Menschen? Was lässt Liebe entstehen – und wieder verschwinden? Und was sind die jeweiligen körperlichen und seelischen Konsequenzen?
Glenn D. Wilson und Chris McLaughlin entschlüsseln eines der größten Gefühle und Rätsel des menschlichen Handelns. Sie werden dieses Buch lieben!

ISBN 3-404-60534-9

BASTEI
LÜBBE